Erich Jooß

Als Himmel und Erde noch eins waren

Geschichten von der Erschaffung der Welt

Mit Illustrationen von Ingrid Petrie

HERDER

FREIBURG · BASEL · WIEN

Inhaltsverzeichnis

Das Licht des Himmels

Der große Klagegesang

Das andere Land

Am Anfang der Bibel steht die Schöpfungsgeschichte. Sie ist auf sieben Schöpfungstage verteilt. Nach jedem Schöpfungstag sieht Gott, dass gut ist, was er gemacht hat. Am sechsten Schöpfungstag wird der Mensch in das Leben gerufen – das einzige Wesen, das Gott nach seinem Bild gestaltet. Als der siebte Tag anbricht, ruht der Schöpfer aus. Dieser Tag der Ruhe soll der Erinnerung an das Schöpfungswerk dienen.

Deshalb segnet Gott diesen Tag.

Erich Jooß

Als Himmel und Erde noch eins waren

Die Schöpfungsgeschichte

Am Anfang
schuf Gott Himmel und Erde.
Noch war die Erde öde
und ohne Leben.
Wasser bedeckte das Land,
und es war überall dunkel.

Am ersten Tag
aber sprach Gott:
„Es werde Licht!"
Und es geschah,
wie Gott gesagt hatte:
Über der Erde wurde es ganz hell.

Und Gott sah,
dass das Licht gut war.
Er nannte das Licht „Tag".
Und die Dunkelheit nannte er „Nacht".

Als es Abend wurde,
lag die Erde wieder im Dunkeln.
Der erste Tag war vorüber.

Am zweiten Tag
sprach Gott:
„Über der Erde soll ein Himmel sein!"
Da geschah es,
wie Gott gesagt hatte:
Ein blauer Himmel
leuchtete über der Erde.
Und weiße Wolken
zogen am Himmel dahin.

Und Gott sah,
dass es gut war,
was er gemacht hatte.

Da wurde es wieder Abend.
Der zweite Tag war vorüber.

Am dritten Tag
sprach Gott:
„Alles Wasser soll weichen!"
Da geschah es,
wie Gott gesagt hatte:
Das Wasser floss zusammen.
Das Land wurde trocken.
Und Gott nannte das Wasser „Meer".
Und das Trockene nannte er „Land".
Und er ließ auf dem trockenen Land
alles wachsen,
Gras, Sträucher und Bäume.

Und Gott sah,
dass es gut war,
was er gemacht hatte.

Da wurde es wieder Abend.
Der dritte Tag war vorüber.

Am vierten Tag
sprach Gott:
„Lichter sollen am Himmel leuchten,
die Sonne am Tag
und der Mond und die Sterne
in der Nacht!"
Da geschah es,
wie Gott gesagt hatte:
Die Sonne ging über der Erde auf
und schien warm auf die Erde.
Und als es Abend wurde,
stand der Mond am Himmel
und leuchtete hell,
und viele, viele Sterne
funkelten in der dunklen Nacht.

Und Gott sah,
dass es gut war,
was er gemacht hatte.

Da war der vierte Tag vorüber.

Am fünften Tag
sprach Gott:
„Im Wasser sollen Fische leben
und Vögel in der Luft!"
Da geschah es,
wie Gott gesagt hatte:
Das Wasser wimmelte
bald von Fischen.
Und Vögel flogen
in großen Schwärmen herbei.
Sie krächzten und zwitscherten
und erfüllten die Luft mit ihrem Lärm.
Und Gott sprach zu ihnen:
„Eier sollt ihr legen und sie ausbrüten!
Immer mehr Fische
und immer mehr Vögel soll es geben.
Alles Wasser und alle Luft
soll von euch erfüllt sein."

Und Gott sah,
dass es gut war,
was er gemacht hatte:
die Fische im Wasser
und die Vögel in der Luft.

Da wurde es Abend.
Der fünfte Tag war vorüber.

Am sechsten Tag
sprach Gott:
„Auch auf dem Land
sollen Tiere wohnen!"
Da geschah es,
wie Gott gesagt hatte:
Gott schuf Tiere,
große und kleine,
flinke und lahme,
wilde und zahme,
alles was kriecht
und was Beine hat.

Und Gott sah,
dass es gut war,
was er gemacht hatte.

Zuletzt aber schuf Gott
das Wunderbarste: den Menschen.
Gott sprach:
„Ich will Menschen machen,
die mir gleichen
und über allen Tieren stehen."
Und Gott schuf den Menschen
nach seinem Bild.
Und Gott segnete ihn und sprach:
„Alles, was ich gemacht habe,
soll für dich da sein:
die Bäume und die Früchte,
die Fische und die Vögel
und die Tiere auf dem Land.
Alles soll dir gehören
und den Menschen,
die einmal auf der Erde leben werden.
Aber du sollst mir gehören!"

Und Gott sah auf alles
was er gemacht hatte:
Es war alles sehr gut.

Da wurde es Abend.
Der sechste Tag war vorüber.

Am siebten Tag
aber ruhte Gott.
Und Gott segnete diesen Tag und sprach:
„Dieser Tag soll mein Tag sein.
Alle Arbeit soll ruhen
an diesen Tag."

So wurden Himmel und Erde geschaffen
durch Gott, den Herrn.
Alles, was in dieser Welt ist,
kommt von ihm.

*Aus dem Buch Genesis des Alten Testaments,
nacherzählt
von Irmgard Weth.*

Am Anfang gibt es nur Wasser, nichts als Wasser. Oder die Welt ist eine kalte, lehmige Ödnis, deren Oberfläche erst noch zusammenwachsen muss. Über der unendlichen Leere spannt sich ein genauso leerer Himmel. In diese Leere hinein werden von den Göttern die ersten Wesen erschaffen. Manchmal geschieht dies im erbitterten (Wett-)Streit zwischen den Schöpfern. Aus dem großen Durcheinander entwickelt sich allmählich eine Ordnung, wobei die Götter und ihre Abgesandten auch Entscheidungen mit schlimmen Folgen treffen können. Das Wunder der Schöpfung – es braucht seine Zeit.

Das große Durcheinander

Auf dem Rücken der Schildkröte

Indien, Legende der Santal

Damals, ganz am Anfang, war die Erde bedeckt mit Wasser. Es gab sonst nichts – nur dieses gewaltige Meer, das sich ohne Ende erstreckte. Hoch über der Erde, im Reich des Himmels, herrschte Vater Sonne. Ihm zur Seite standen die anderen Götter. Aber sie hatten kaum etwas zu tun. Wenn sie ein Fenster öffneten und hinunterschauten, sahen sie den riesigen Wasserspiegel. Manchmal zogen Stürme über diesen Spiegel und manchmal wurde er von Wolken verhüllt. Das war alles, was geschah, und so blieb es für lange Zeit.

Eines Tages trat jedoch ein niederer Gott vor den Thron des Sonnenvaters. Demütig verneigte er sich und sagte: „Ich habe von seltsamen Wesen geträumt, die sich Menschen nennen und auf der Erde leben. Warum erschaffen wir sie nicht? Vater, gib uns deinen Segen dazu!" Der höchste Gott dachte sehr lange nach über diesen Vorschlag. „Geht und bringt mir die alte Malin", rief er schließlich. „Ihr findet sie in einer Felsenhöhle tief unter dem Wasser."

Malin Budhi, die zu den dienenden Geistern gehörte, hatte geschickte Hände. Deshalb erhielt sie den Auftrag, die ersten Menschen zu erschaffen. „Ich werde diese Wesen aus dem Schaum des Meeres machen", sagte sie voller Stolz und der Sonnenvater nickte dazu. „Sobald du fertig bist mit der Arbeit, hauche ich deinen Geschöpfen den Atem des Lebens ein", erklärte er feierlich.

Einen ganzen Tag mühte sich die alte Malin ab. Als es Abend wurde, hatte sie den Körper einer Frau und den eines Mannes geformt. Weil die Strahlen der untergehenden Sonne noch immer den Himmel wärmten, legte sie ihre Figuren zum Trocknen aus. Da kam das Tagpferd vorbei, das im Meer seinen Durst löschen wollte, und zertrampelte die kunstvollen Schöpfungen.

Wütend lief Malin Budhi zum Sonnenvater. „Dein Tagpferd ist eifersüchtig auf mich. Es will nicht, dass aus meinen Händen die ersten Menschen entstehen", klagte sie. Doch der höchste Gott redete ihr gut zu und besänftigte sie. „Tu deine Arbeit noch einmal", bat er. „Glaube mir, du wirst nicht mehr gestört."

So war es dann auch. Am nächsten Abend schlug das Tagpferd einen großen Bogen um die Figuren und die Götter, die das Werk neugierig betrachteten, lobten es und fanden daran kaum etwas auszusetzen. Aber noch fehlte den Wesen das Wichtigste. Darum wandte sich der Sonnenvater an Malin Budhi. „Jetzt ist es so weit", sagte er. „Hol uns zwei Menschenleben. Ich habe sie auf einem Querbalken unter dem Dach meines Hauses abgelegt."

Malin Budhi war sehr klein von Gestalt. Obwohl sie sich streckte, reichte sie mit den Fingerspitzen nur bis zum Türrahmen des Hauses. Dort aber lagen zwei Vogelleben, die sie ehrfürchtig in die Hände nahm und dem Sonnenvater brachte. Kaum hatte er Malins Geschöpfen das Leben eingehaucht, verwandelten sie sich in Enten und flogen eilends fort. Dabei schimmerte ihr weißes Gefieder wie der Schaum auf den Wellen.

Nach einem Jahr kehrten die beiden Enten zurück. „Das Meer ist uns Tisch und Bett gewesen", sagten sie. „Doch nun wollen wir ein Nest bauen. Wo gibt es einen Platz, auf dem wir unsere Kinder großziehen können?" Darauf war der Sonnenvater nicht vorbereitet. Weil ihm keine Antwort einfiel, befragte er die Götter, die seinen Thron umstanden. Auch sie zeigten sich ratlos.

Schließlich trat Prinz Krebs vor und versprach: „Mit meinen Scheren hole ich die Erde vom Grund des Meeres – so viel Erde, dass sie bestimmt für eine Insel genügt!" Der Prinz hatte freilich die Kraft des Wassers unterschätzt: Er konnte machen, was er wollte – immer wenn er auftauchte, überraschte ihn eine Welle. Sie schwemmte die Erde aus seinen Scheren, trug selbst die kleinsten Krumen fort.

Als Nächster bot Prinz Regenwurm seine Dienste an. Wie kein anderer ringelte und schlängelte er sich, drang in die Tiefe vor, bis er den Meeresboden erreichte. Dort fraß er sich den Bauch voll mit Erde. Aber wohin sollte er sie ausspucken? Das Wasser, dieses gierige Ungeheuer, war überall. Es schluckte einfach alles ...

„Ein Stück Land! Wir brauchen ein Stück Land", riefen die Götter verzagt. Nur Prinz Tausendfüßler stimmte nicht ein in das Gejammer. „Ihr kennt doch die Schildkröte", sagte er. „Sie lebt im Meer, und sie hat einen breiten, starken Rücken. Wie wäre es, wenn wir ihre Beine an den vier Enden der Welt festketten würden? Dann könnten wir auf ihrem Rücken ausreichend Erde sammeln!"

Der Vorschlag wurde mit Beifall aufgenommen. Prinz Tausendfüßler erhielt sogleich den Auftrag, die Schildkröte zu fesseln. Diese fügte sich zu seiner Verwunderung und trug die Last der Erde, ohne zu klagen. So entstand mitten im unendlichen Wasser eine Insel, die bald größer und größer wurde.

Der Sonnengott pflanzte den ersten Baum auf der Insel und er befahl dem Schilf, das sich an den Ufern zeigte, kräftig zu wachsen, denn er wollte das Nest der Enten schützen. Bald lagen zwei Eier im sicheren Versteck.

O Wunder der Schöpfung! Als die Zeit erfüllt war, zerbrachen die Schalen. Ein Mann und eine Frau traten an das Licht: die ersten Menschen, geboren auf dem Rücken der Schildkröte.

Erster Schmerz, erster Streit

Neuseeland, Legende der Maori

Früher einmal, vor tausend und mehr Zeitaltern, lag Rangi, der Himmel, auf Papa, der Erde. So eng hielten sie sich umschlungen, als gehörten sie für immer zusammen. Nichts vermochte die beiden zu trennen, nicht einmal das Flehen ihrer Kinder.

Die Kinder von Himmel und Erde wuchsen zwischen den Eltern auf. Noch nie hatten sie den hellen Tag gesehen, nur immer die Nacht. Wie ein Gefängnis umgab sie das undurchdringliche Dunkel. Sie litten darunter, aber mehr noch litten sie unter der erdrückenden Nähe ihrer Eltern. Manchmal konnten sie kaum atmen und schlugen verzweifelt um sich.

„So geht es nicht weiter", sagten die Kinder schließlich und hielten miteinander Rat, was sie tun sollten. „Lasst uns die Eltern töten. Dann sind wir befreit von ihnen", meldete sich der Gott des Krieges zu Wort.

Tu-matauenga war wilder und unberechenbarer als die anderen Kinder von Rangi und Papa. Dennoch widersprach ihm Tane-mahuta, der Gott der Wälder. „Die Eltern haben uns das Leben geschenkt", sagte er. „Keiner darf sie töten. Aber wir könnten sie voneinander trennen, wenn wir Rangi mit aller Kraft in die Höhe stemmen, in die Höhe stoßen."

Tane-mahuta schwieg eine Weile, bevor er leise hinzufügte: „Wir müssen es tun, obwohl wir auf diese Weise den Himmel verlieren. Ein Fremder ist er dann für uns, der seine Kinder nur noch aus der Ferne sieht."

„Ja, ein Fremder", wiederholten die Götter und nickten. Sie vermieden es, sich anzuschauen, während sie dem Vorschlag von Tane-mahuta zustimmten. Lediglich Tawhiri-ma-tea, der Gott der Winde und der Stürme, hatte Mitleid mit den Eltern. „Nichts wird mehr sein, wie es jetzt noch ist", klagte er. „Bei wem soll ich denn bleiben, wenn Himmel und Erde sich trennen?"

Als Erster versuchte der Gott der Erntepflanzen, die Eltern auseinander zu zwingen. Doch er hatte keinen Erfolg, so sehr er sich auch anstrengte. Ähnlich erging es seinem Zwillingsbruder, dem Gott aller wild wachsenden Pflanzen, und nach den beiden musste der Meeresgott Tangaroa erschöpft aufgeben, denn nichts bewegte sich. Selbst der zornige, gewalttätige Tu-matauenga zerrte vergeblich an den Sehnen, die seinen Vater mit der Mutter verbanden.

Schließlich kam Tane-mahuta an die Reihe. Der Waldgott zog den Kopf ein. Mit seinen Schultern, mit seinem Nacken schob und drückte er Rangi nach oben, langsam zuerst, dann ruckartig, bis die Sehnen knirschend rissen.

Da schrien die Eltern voller Schmerz: „Was tut ihr uns an? Warum habt ihr uns getrennt? Wir wollten doch ewig zusammenbleiben!"

Je weiter sich der Himmel von der Erde entfernte, umso heller wurde es. Sonne, Mond und Sterne traten hervor und schenkten der Welt ihr schönstes Strahlen. Endlich waren sie der undurchdringlichen Finsternis entronnen! Rangi und Papa lagen jetzt im Licht. Aus ihren Wunden aber floss das Blut. Wie mit einem Feuer überzog es den Himmel, ließ die untergehende Sonne erglühen. Dieses Blut der Ureltern – wir können es noch heute sehen. Denn es leuchtet im Abendrot und es leuchtet in der roten Tonerde, deren Farbe den Maoris heilig ist.

Während Tane-mahuta sein Werk vollbrachte, hatte sich der Sturmgott abseits gehalten. Traurig zog er sich nun in das weite, offene Himmelsgewölbe zurück. Dort oben sann er auf Rache. Zusammen mit seinem Vater überlegte er, wie er den Brüdern schaden könnte. Schließlich folgte er Rangis Rat und schickte die vier Winde auf die Erde hinunter, wo sie zu brausen, wo sie zu toben begannen.

In alle Himmelsrichtungen schwärmten sie aus und mit ihnen das Heer der Lüfte. Grelle Blitze zischten in die Tiefe. Donnerwolken verhüllten die Sonne, schluckten das Licht. Es regnete, es hagelte, dann strichen frostklirrende Böen, die nicht mehr enden wollten, über das Land.

Mitten im Toben der Luftgeister erschien Tawhirima-tea. Wie ein Orkan überfiel er den Waldgott. Er hielt eine gewaltige Sense in der Hand und mähte alles nieder, was sich nicht rechtzeitig vor ihm duckte. Sogar die uralten Baumriesen entwurzelte er. Mit Wehgeschrei splitterten und stürzten sie.

Danach wandte sich Tawhiri-ma-tea von den Wäldern ab, die am Boden lagen, und peitschte die Meere. Voller Angst verließ Tangaroa sein Haus auf den Klippen, suchte Zuflucht im Wasser. Dort tanzten schon die tödlichen Strudel und Wellen erhoben sich wie Berge. Höchste Zeit war es für den Meeresgott, der sich bis auf den Grund des Ozeans sinken ließ. Erst in der unendlichen Stille fühlte er sich sicher.

Auch seine Kinder flohen vor Tawhiri-ma-tea. Aber die Fische konnten sich mit den Reptilien nicht darauf einigen, wohin sie sich wenden sollten. „Das Wasser schützt uns", sagten die einen und die anderen widersprachen: „Nein, das trockene Land!"

So entzweite der Sturmgott die Geschöpfe des Meeres. „Hütet eure Schuppen! Die Menschen brennen sie mit Farnbüscheln ab. Dann werdet ihr über dem Feuer geröstet", schrien die Fische den Reptilien nach. „Und euch dünsten sie wie das Gemüse", höhnten die Reptilien zurück.

Seitdem herrscht Streit zwischen Tane-mahuta und Tangaroa. Der Meeresgott schnaubt vor Wut, weil ein Teil seiner Nachkommen auf dem Land, im dichten Unterholz der Wälder oder in Felsschluchten haust. Deshalb überschwemmt er immer wieder das Reich des Bruders, deshalb reißt er auch die Ufer ein. Tane-mahuta aber hat seine Kinder mit Kanus und Netzen, mit Haken und Speeren ausgestattet. „Geht hin und rächt euch! Tötet die Tiere, die im Wasser leben", schärft er ihnen immer wieder ein.

Triumphierend hatte Tawhiri-ma-tea zugesehen, wie der Meeresgott und der Waldgott gegeneinander aufstanden. Jetzt brauste er weiter. Heulend und pfeifend wollte er seine friedlichen Pflanzenbrüder überfallen. Doch die Erde verbarg sie rechtzeitig; lediglich das Haar der Götter flatterte und wehte noch aus dem Boden. So blieben sie als Einzige von der Rache des Himmels verschont.

Der wilde, zornige Sturmgott hatte alle Götter in die Flucht gezwungen. Nur einer empfand keine Furcht vor Tawhiri-ma-tea. Das war der Kriegsgott. Vergeblich drang das Heer der Lüfte auf ihn ein. Er schleuderte jeden Blitz zurück und spottete selbst über den Donner. Nichts vermochte ihn zu erschüttern, nichts zwang ihn nieder. Der die Eltern erschlagen wollte – er blieb ungeschlagen.

Endlich ließ Tawhiri-ma-tea von ihm ab und die vier Winde, die er zu Hilfe gerufen hatte, rollten sich müde zusammen. Auch die Luftgeister zogen sich zurück. Still wurde es unter dem Himmel, still auf der Erde.

Wie wenn ein Hauch über den Spiegel geht

Mittelamerika, Legende der Maya

Als alles begann, gab es noch keinen Wald und keine
Höhle, keinen Berg und keinen Stein. Unter dem leeren
Himmel ruhte ein unendliches Meer. Nichts bewegte
sich, nichts erhob sich aus dem Wasser, nichts erschüt-
terte die Stille. Allein die Götter lebten am Anfang der
Welt. Wo sie lebten? In den dunklen Fluten. Dort ließen
sie sich treiben, stiegen lautlos auf und nieder. Nur ein
geheimnisvolles Leuchten kündete von ihnen.

Die klügsten unter den Göttern, weiser als alle anderen, waren Tepeu und Gucumatz. Jeder der beiden trug
Schuppen wie die Schlangen und darüber ein Kleid aus
blauen und grünen Federn wie die Vögel. Mitten in der
Finsternis trafen sie sich und planten eine Welt, in die
das große, wärmende Licht kommen sollte. Vor der Ankunft des Lichtes aber musste zuerst festes Land geschaffen werden.

Deshalb baten sie das Herz des Himmels um Bei-
stand. Huracan zögerte nicht lange. Mit Blitz und Donner, mit allen Winden fegte er über das Meer, das zu
schäumen und zu brausen begann. Da sprachen die Götter: „Weiche zurück, unendliches Wasser! Lass die Erde
aus dem Abgrund steigen!" Sogleich geschah das Wunder. Im Nebeldampf erschienen die Gebirge; bis fast an
den Himmel stießen sie. Dazwischen öffneten sich Täler
und tiefe Schluchten entstanden. Zypressen bedeckten
das Antlitz der Erde, fächelten ihm Wohlgerüche zu.

Nachdem sich das Wasser in gewaltigen Strömen ge-
sammelt hatte und aus dem festen Land abfloss, berat-

schlagten die Götter ein zweites Mal. „Es fehlt noch so viel", riefen sie. „Wo ist der Wächter des Waldes? Wo ist der Wächter der Berge?" Also schufen sie den Jaguar, der durch den Dschungel streift, und den Herrn des Felsengebirges, den Puma.

Den Rehen, die fröhlich springend zum Leben erwachten, schärften sie ein: „Hütet euch vor den geschmeidigen Raubtieren. Steht im Gebüsch, versteckt euch im Gras!" Auch für die Vögel sorgten die Götter und halfen ihnen beim Bau der Nester. Ganz zuletzt bestellten sie noch die Schlangen, Nattern und Vipern als Wächter der Lianen.

Sobald die Erde bevölkert war mit Tieren, wandten sich Tepeu und Gucumatz an ihre Geschöpfe. „Kommt und verehrt uns!", baten sie. „Lobt das Herz des Himmels für seine Taten, preist das Herz der Erde, dankt allen, die euch das Leben geschenkt haben. Kommt und verehrt uns!"

Da brummten und bellten die Tiere, sie trillerten und zischten, gackerten und maunzten, brachten jedoch kein Wort heraus. Obwohl sie es immer wieder versuchten, konnten sie nicht einmal die Namen ihrer Schöpfer aussprechen. Darüber wurden die Erzeuger des Lebens sehr traurig und fielen in ein tiefes Schweigen.

Schließlich verkündeten sie den Tieren: „Was ihr habt, das sollt ihr auch behalten. Die Nester, die ihr baut, die Verstecke in den Niederungen der Flüsse und zwischen den Felsen, die Lager im Dickicht werden euch weiterhin gehören." Schon wollten die Tiere befreit aufatmen, als die Götter drohend hinzufügten: „Seid jedoch auf der Hut vor den Wesen, die wir nach euch erschaffen. Überall werden sie Fallen auslegen und euch jagen mit Pfeilen und Speeren."

Schon nahte die Morgenröte. Deshalb war Eile geboten. Bevor das große Licht erstrahlte, musste die Schöpfung vollendet sein. „Die Tiere haben wir als Erste gemacht. Aber sie enttäuschten uns", sagten die Götter und dachten nach. „Wir brauchen Geschöpfe, die sich an uns erinnern, selbst wenn wir ihnen fern sind. Wie unsere Kinder sollen sie sein und uns mit Lobpreisungen und Gebeten ernähren."

So sprachen die Götter, während sie die Menschen zu formen versuchten. Dazu benutzten sie Lehm von den Ufern der Flüsse, den sie sorgfältig kneteten. Trotzdem wollte er ihnen nicht gehorchen, sondern schwand unter ihren Händen. Die Lehmmenschen hatten kaum Kraft, sich zu erheben, kaum Kraft, sich zu bewegen. Ihr Blick verschleierte sich, sobald sie die Augen öffneten. Es gelang ihnen nicht einmal, den Kopf zu drehen; wie ein

Pendel baumelte er am Rumpf. Als es regnete, weichten ihre Körper auf und zerflossen.

So kam es, dass Tepeu und Gucumatz ein drittes Mal zusammentrafen. „Was sollen wir nur tun?", klagten sie. „Wir wollten Menschen erschaffen, die vollkommen sind. Aber der Lehm war dafür nicht geeignet." Ratlos zupften sie an den blauen und grünen Federn, während sie ihren Gedanken nachhingen. Weil ihnen nichts einfallen wollte, baten sie den Herrn des Weihrauchs und den Silberschmied um ihre Hilfe. „Versucht es bei den Männern mit Holz, bei den Frauen mit Schilf", rieten die mächtigen Zaubergeister. „Ihr werdet sehen: Eure Geschöpfe können sich bewegen und sie reden miteinander."

Das taten sie auch. Aber die Geschöpfe hatten keine Seele, nicht einmal Gefühle hatten sie. Starr waren ihre Gesichter, hart ihr Fleisch. Auf allen vieren sprangen sie ziellos durch die Welt. Die Männer aus Holz, die Frauen aus Schilf dachten weder an das Herz des Himmels noch an Tepeu oder Gucumatz. Darum verdunkelte sich das Antlitz der Erde. Ein schwarzer Regen fiel aus den Wolken, flüssiges Harz tropfte auf die Erde.

Mitten im Untergang erschienen Eulen und hackten den Menschen die Augen aus. Große Fledermäuse bissen ihnen den Kopf ab, während der Jaguar ihre Körper riss. Wasserkrüge und Pfannen, Schalen und Schüsseln erhoben sich gegen die seelenlosen Geschöpfe und schrieen auf sie ein. Von allen Stöcken wurden sie geschlagen, alle Steine flogen hinter ihnen her.

In ihrer Angst flüchteten sie auf die Dächer der Häuser, doch die Häuser stürzten zusammen. Als sie auf die Bäume kletterten, wurden sie abgeschüttelt wie lästige, überreife Früchte. Selbst die Höhlen verschlossen sich

mit Donnergetöse vor den Holzmännern und vor den
Schilffrauen. So fanden sie ein schreckliches Ende.

Längst schon wollten Sonne, Mond und Sterne über
der Erde erscheinen. Aber das Werk der Schöpfung war
noch immer nicht vollendet. Deshalb ließen die Götter
überall nach dem Lebensstoff für die neuen Menschen
suchen, bis er schließlich im Land des Überflusses entdeckt wurde. Der Coyote und der Rabe, die Wildkatze
und der Papagei brachten ihn mit.

Ehrfürchtig legten sie ihren Fund, den gelben und
weißen Mais, vor den Göttern nieder, die ihn zu einem
Brei zerstampften. Daraus und aus nichts anderem wur-
den die Kinder des Lichtes geformt. Nur Wasser gaben
Tepeu und Gucumatz noch hinzu – Wasser, das sie in
Blut verwandelten.

Der erste Mensch hieß Waldjaguar, der zweite Nacht-
jaguar, der dritte Nachtherr und der vierte Mondjaguar.
Sie alle waren Männer und wurden vom Herz des Himmels, das ihnen seinen Atem einhauchte, zum Leben er-
weckt. Als sie die Augen aufschlugen, konnten sie gleichzeitig in die Nähe und in die Ferne sehen.

Nichts blieb den neu geschaffenen Wesen verborgen.
Mit einem Blick erfassten sie alle Geheimnisse der Him-
melskuppel und des Erdinneren. Jedes Ding wurde
durchsichtig, sobald sie es betrachteten. Sie schlossen
Freundschaft mit den vier Winden, tauchten bis auf den
Grund des Meeres und bestiegen die höchsten Berge.

Nachdem sie die Schöpfung erforscht hatten, dankten
sie den Göttern einmal, zweimal, dankten aus ganzem
Herzen. „Wahrhaftig, ihr habt uns einen Mund geschenkt,
damit wir euch rühmen, und Augen, damit wir das Große
genauso wie das Kleine erkennen", jubelten sie.

Der Lobpreis gefiel den Göttern, die darauf schon so
lange gewartet hatten. Doch nach einer Weile wurden sie
von Zweifeln geplagt. „Es ist nicht gut", sagten sie zuei-
nander, „wenn den Sterblichen alle Geheimnisse vertraut
sind. Unsere Geschöpfe sollen nicht hochmütig werden."
So sprachen sie, während das Herz des Himmels einen
Schleier auf die Augen der Menschen legte. Es war, wie
wenn ein Hauch über den Spiegel geht. Mit diesem
Hauch, der die Augen trübte, schwand auch die Weisheit
der Erstgeborenen. Jetzt ahnten sie nur noch, was sie einmal gewusst hatten, und eine bisher ungekannte Trauer
stieg in ihnen auf.

Die Götter versuchten, den Kummer ihrer Schütz-
linge zu lindern. Vielleicht wurden deshalb die Frauen
erschaffen. Eines Nachts erwachten sie neben den schla-

fenden Männern und sahen sich erstaunt um. Diese Frauen waren so schön wie die Namen, die sie trugen: Himmelswasser, Brunnenwasser, Kolibriwasser und Papageienwasser.

Nach dem Willen der Götter fanden sich die ersten Menschenpaare zusammen. Sie hatten zahlreiche Nachkommen, die voll Sehnsucht auf die Geburt des glänzenden Lichtes warteten. Immer wieder wandten sie das Gesicht zum Himmel und flehten die Morgenröte herbei!

Endlich erschien die leuchtende, funkelnde, blendende Sonne.

Da tanzten alle Sterblichen unter Freudentränen und sie verbrannten Weihrauch. In den Dank der Geschöpfe stimmten auch die wilden Tiere ein. Der Puma fauchte auf den Bergen und der Jaguar im Dschungel brüllte. Der Adler aber breitete seine Fittiche aus. Stolz ließ er sich von der sonnenwarmen Luft ins Helle emportragen.

Der große Häuptling sorgt sich um seine Kinder

Nordamerika, Legende der Abenaki

Der-dem-alles-gehört hatte die Welt erschaffen. Aber bis auf das Wasser und bis auf die Wälder war sie leer. Denn am Beginn der Schöpfung lebten noch keine Tiere und erst recht keine Menschen. Nur der große Häuptling Gluskapi streifte durch das schweigsame Land. Wohin er trat, hinterließ er die Abdrücke seiner Füße. Sogar der harte Fels gab unter ihm nach. Gluskapi war nämlich ein Hüne von Gestalt. Er hatte steinerne Augenbrauen und überragte selbst die starken, hochgewachsenen Bäume. Obwohl er furchterregend aussah, besaß er ein helles, freundliches Gemüt.

Der Riese lebte nicht allein. Wie ein Schatten folgte ihm sein Zwillingsbruder Malsum. Auf den ersten Blick hätte man die beiden Männer verwechseln können, so sehr glichen sie einander. Der Eindruck täuschte jedoch: Während Gluskapi den guten Regungen seines Herzens folgte, loderte in Malsum das Feuer des Neides und des Hasses. Finster und böse schaute er auf die Welt. Kein Wunder, dass ihm alles missriet, was er tat!

Eines Tages wollte Gluskapi von seinen Streifzügen ausruhen. Er setzte sich an das Ufer des Meeres und betrachtete die Wellen, die der Wind vor sich hertrieb. Sonnenfunkelnd spritzte die Gischt. Etwas in ihr regte sich, etwas in ihr schien zu leben. Wie mit glänzenden Leibern sprang es in die Höhe, schnellte sich durch die Luft. Was Gluskapi sah (oder ahnte er es nur?), das ließ ihm keine Ruhe mehr.

„Vielleicht kann ich diese flüchtigen Wesen nachbilden", dachte er und knetete ihre Körper aus dem Schlick. Dann hauchte er ihnen Leben ein. Sobald sie zu zappeln begannen, warf er sie in das Meer. Auf diese Weise entstanden die ersten Fische. Sie waren alles andere als schön. Aus seltsam verschobenen Köpfen blickten sie zu dem großen Häuptling auf. Ihre Flossen glichen gezackten Drachenflügeln und ihre Bäuche hingen schwer im Wasser.

Nach einiger Zeit wurden Gluskapis Hände immer geschickter. Die Fische, die er jetzt formte, hatten biegsame, schlanke Leiber. Pfeilschnell durchschnitten sie die Brandung und verschwanden mit einem Flossenschlag. In seiner Freude über die flinken Geschöpfe rief Gluskapi den Bruder herbei, der ihn schon länger beobachtet hatte.

Voller Eifersucht kam Malsum näher. Als der Bruder einen Augenblick nicht Acht gab, trat er auf den schönsten, in seinem Ebenmaß vollkommenen Fisch. Dieser krümmte sich vor Schmerzen, dann lag er platt gedrückt, mit zuckendem Maul und quellenden Augen. Malsum aber stimmte ein schadenfrohes Gelächter an. „Sieh doch!", schrie er. „Sieh her: Du hast eine Flunder gemacht!"

Mitleidig nahm Gluskapi den geschundenen Fisch in die Hand. Seine fröhliche Stimmung war jäh umgeschlagen. „Die Welt ist zu klein für uns", sagte er und warf dem Bruder einen zornigen Blick zu. Künftig achtete er darauf, dass Malsum nicht Zeuge wurde, wie er ein Tier nach dem anderen zum Leben erweckte. Bald bevölkerten seine Geschöpfe die ganze Erde. Überall schwirrte und keckerte, fauchte und brummte, pfiff und summte es. Der große Häuptling fühlte sich wohl unter den Wesen, die er geschaffen hatte. Sogar den Luchs duldete er in seiner Nähe, obwohl er wusste, dass dieser treulos und geschwätzig war. Aus allem, aus jedem wollte er Vorteile ziehen. An einem windigen, frischen Frühlingstag drängte er sich deshalb besonders eng zu Gluskapi hin. Der ließ ihn gewähren, denn das weiche Fell des Tieres wärmte seine Füße.

„Gluskapi, mein Herr", flüsterte der Heuchler plötzlich. Dabei dehnte und putzte er sich wie absichtslos. „Du bist viel stärker als dein Bruder. Trotzdem solltest du dich vor ihm hüten. Er kennt viele Schliche und wird dich töten, sobald er die Gelegenheit dazu hat." – „Warum machst du dir Sorgen?", antwortete Gluskapi arglos. „Wer mich töten will, muss mein Herz mit blühenden Binsen treffen. Aber das weiß keiner. Nicht einmal Malsum weiß es."

Der Luchs schnurrte noch eine Weile und fand honigsüße Worte für seinen Herrn. Danach suchte er Malsum auf. „Schenkst du mir ein paar Flügel, wenn ich dir verrate, wie du den großen Häuptling besiegen kannst?", rief er schon von weitem. Denn er wollte den Vögeln, die er bisher vergeblich gejagt hatte, auch noch am Himmel nachstellen. Aber der finstere Riese lachte nur, als er diesen Wunsch vernahm. Mit raschem Griff packte er den Heuchler und schüttelte ihn so lange, bis er schlotternd vor Angst zu reden begann.

Nachdem Malsum das Lebensgeheimnis von Gluskapi aus seinem Opfer herausgepresst hatte, schleuderte er den Luchs durch die Luft, dass diesem Hören und Sehen verging. Zwischen Brennnesseln und Brombeersträuchern schlug er wieder auf, blieb zerstochen und zerschunden liegen. Sein Atem verlor sich irgendwo in den Barthaaren und sein Körper streckte sich, als sei es zum letzten Mal.

„Aus ist es mit dir", höhnte Malsum. „Aus und vorbei! Jetzt wirst du nie mehr erfahren, dass ich genauso verletzlich bin wie Gluskapi. Mein Bruder fürchtet sich vor den blühenden Binsen, ich dagegen fürchte mich vor den Wurzeln des Farns."

Dem Luchs tat jedes Glied weh. Betäubt von der Gewalt des Aufpralls, hielt er die Augen geschlossen. Aber er war noch lange nicht tot, wie Malsum glaubte. „Das ist also deine wunde Stelle", dachte er mit einem Gefühl der Genugtuung und wartete, bis sich der böse Riese getrollt hatte. Dann raffte er sich auf, humpelte seufzend und stöhnend fort.

Malsum dagegen ließ sich Zeit. Er scheuchte erst noch ein Hirschrudel hoch und trieb es durch das Waldland. Kein Tier war vor ihm sicher, nicht einmal die Vögel, die er mit seinen gewaltigen Händen aus der Luft griff. Als er schließlich vor dem Haus des Bruders eintraf, hatte der Luchs bereits Einlass gefunden bei Gluskapi und diesen gewarnt.

Ohne Umschweife forderte Malsum den großen Häuptling zum Kampf. Die Erde zitterte unter seinem

Kriegsgeschrei. Wild entschlossen schwang er ein Bündel blühender Binsen, mit denen er das Herz des Bruders treffen wollte. Doch der sprang im letzten Augenblick zur Seite.

Durch die Wucht seines Schlages geriet Malsum ins Straucheln. Er versuchte sich noch abzustützen, als Gluskapi, wie es ihm der Luchs geraten hatte, eine Farnwurzel packte. Mit aller Kraft stieß er zu, stieß immer wieder zu. Da fiel Malsum endgültig in sich zusammen und rührte sich nicht mehr.

„O Herr, du hast gesiegt", jubelte der Luchs, der vor Freude seine Schmerzen vergaß. „Jetzt könntest du mir ein paar Flügel schenken. Du weißt doch, das ist mein Lieblingswunsch", fügte er unterwürfig hinzu. Er hatte freilich nicht mit dem Zorn des großen Häuptlings gerechnet.

Gluskapi richtete sich zu seiner vollen Größe auf. „Was willst du noch bei mir? Verschwinde, Verräter!", schrie er und warf dem Luchs, der schon angstkeuchend davonhetzte, einen Stein nach. Zu seiner Enttäuschung verfehlte er den Betrüger. Der Stein schlug weit draußen auf das Meer. Dort verwandelte er sich in eine Insel.

Mit Malsums Tod war die Welt leerer geworden. Gluskapi merkte das sehr bald. Obwohl die Tiere immer wieder seinen Rat erfragten, fühlte er sich einsam. Darum wollte er ein Wesen erschaffen, das ihm glich und über einen scharfen Verstand und ein starkes Herz verfügte. Gleichzeitig sollte das Wesen, dem Beispiel des großen Häuptlings folgend, aufrecht gehen, mit erhobenem Kopf.

Gluskapi überlegte eine Weile. „Ich könnte dieses Geschöpf aus der Walderde formen", dachte er, verwarf den Gedanken aber wieder. Schließlich fiel sein Blick auf ein paar Felsen, die wie Findlinge im Gras lagen. Als er sie zum Leben erweckte, rumpelten sie mit Getöse hoch. Unter ihren Schritten dröhnte die Erde. Die Ungetüme brauchten keinen Schlaf, nicht einmal eine Ruhepause, und nahmen auch keine Nahrung zu sich, denn sie hatten ja Steinkörper.

Selbst ihre Herzen waren aus Stein. Deshalb tappten die Findlinge gefühllos durch die Welt, trampelten Bäume nieder oder trieben ihre grausamen Scherze mit den Tieren. Da wusste Gluskapi, dass er einen verhängnisvollen Fehler begangen hatte und entzog den Felsen das Leben. Ehe sie merkten, was mit ihnen geschah, erstarrten sie wieder. Seither sehen manche Berge wie Riesen aus, die irgendwann, vor langer Zeit, in einen totenähnlichen Schlummer gefallen sind.

Noch einsamer als zuvor wanderte Gluskapi weiter, bis er mehrere hoch gewachsene Eschen entdeckte. Sie standen eng beieinander und ihre Blätter raschelten im Wind. Wie ein vielstimmiges Flüstern hörte sich dieses Rascheln an. Der große Häuptling blieb verwundert stehen. Dann nahm er, seiner inneren Stimme folgend, den Bogen von der Schulter, legte einen Pfeil auf und spannte die Sehne.

Sirrend schoss der Pfeil davon. Als er in den Stamm der ersten Esche fuhr, trat ein Mann aus dem Holz. Beim nächsten Pfeil erschien eine Frau und ihr folgten noch viele Männer und Frauen, die von den Bäumen freigegeben wurden. Die Haare dieser Menschen waren nachtschwarz, ihre Augen aber leuchteten wie die Sonne. Abenaki, so nannte der große Häuptling die Baumgeborenen, weil sie schon bald nach Osten zogen – dorthin, wo der Tag beginnt.

Die Abenaki vergaßen nicht, wer sie bis zu ihrer Geburt beschützt hatte. Darum behandelten sie alle Bäume, besonders die Eschen, voller Achtung und Ehrfurcht. Das gefiel dem großen Häuptling, der sich wie ein Vater um die Menschenkinder kümmerte. Er lehrte sie, Kanus zu bauen und Netze zu knüpfen, mit denen sie Fische fingen.

Unter seiner Anleitung errichteten die Abenaki ihre Wigwams. Auch machte er sie mit den heilkräftigen Pflanzen vertraut und nannte ihnen die Namen der Sterne. „Das sind eure hellen, glänzenden Geschwister", sagte er. „In der Dunkelheit weisen sie euch den Weg."

Damals waren einige Tiere viel größer als heute. Das Eichhörnchen gehörte zu diesen Geschöpfen. Wenn es zornig wurde, warf es mit Felsbrocken, die durch den Wald polterten. Oder es packte die Wipfel der Bäume, zauste sie und bog sie bis zur Erde hinunter, nur um sie wieder zurückschnellen zu lassen. Als das Eichhörnchen die Wigwams der Abenaki entdeckte, bekam es einen Wutanfall und fegte das ganze Dorf mit dem Schwanz hinweg.

Der große Häuptling, der alles mitangesehen hatte, sorgte sich um sein Menschenvolk. Deshalb fing er das Eichhörnchen. Beruhigend strich er ihm über den Rücken. Da schnurrte es zusammen, wurde kleiner, immer kleiner. Nachdem es sich wieder freigestrampelt hatte, verschwand es in einer Baumhöhle. Dort oben, hoch über der Erde, brach sein alter Zorn nur noch selten mit ihm durch. Dann jedoch keckerte es böse und schleuderte Tannenzapfen auf Menschen und Tiere.

Dem Bären erging es ähnlich wie dem Eichhörnchen. Zwar erreichte er längst nicht die Größe des spitzohrigen Kletterers. Aber dafür hatte er einen dicken Hals, mit dessen Hilfe er jedes Geschöpf, das ihm in die Quere kam, gierig hinunterschlang. Darum fragte Gluskapi vorsichtshalber: „Was tust du, wenn dir ein Mensch begegnet?"

Der Bär überlegte nicht lange. Genießerisch verdrehte er die Augen und strich sich über den Bauch. „Diesen Zweibeiner würde ich mit Haut und Haaren fressen. Einfach schlucken würde ich ihn", brummte er. Kaum hatte er jedoch den Satz beendet, da geriet er in Atemnot. Sein Hals verengte sich, ließ statt der gewaltigen Happen nur noch Häppchen durch.

Das wildeste der Geschöpfe aber war der Elch. Mit seinen Geweihschaufeln schleuderte er jedes Hindernis beiseite und verbreitete Angst und Schrecken unter den Tieren, sobald sie seine Witterung aufnahmen. Dafür gehörte er nicht zu den Klügsten. Voller Stolz warf er sich in die Brust, als Gluskapi auch an ihn die Frage richtete: „Was tust du, wenn dir ein Mensch begegnet?"

„Ich werde den armseligen Kerl niedertrampeln", grollte der Elch und, weil ihm das nicht ausreichend erschien, setzte er hinzu: „Falls er sich dann noch bewegt, nehme ich den Zweibeiner auf meine Schaufeln und stoße ihn weit durch den Wald."

„Nein", widersprach der große Häuptling. Seine Stimme klang alles andere als freundlich. „Das tust du bestimmt nicht." Mit der linken Hand hielt er den Kopf des Tieres fest, während er mit der rechten auf den gewaltigen Nacken klopfte, der bei jeder Berührung schrumpfte. Am Ende sah der Elch seltsam gedrungen aus und längst nicht mehr zum Fürchten. Vor Scham versteckte er sich in den Sumpfwiesen.

So sorgte Gluskapi für sein Volk. Er wollte, dass die Menschen glücklich werden, und machte ihnen die Erde zur Heimat. Dann erst ging er fort. Niemand weiß wohin.

Qat, der die Trommel schlug und ein Stück Nacht kaufte

Pazifische Inselwelt, Legende der Melanesier

Wer von uns weiß schon, was vorher gewesen ist? Wir wissen nur, dass Qat aus einem Stein geboren wurde. Dieser Stein, seine Mutter, zerbrach eines Tages mit gewaltigem Getöse und Qat erhob sich und ging fort. Er hatte keinen Vater, genauso wie seine Brüder: elf Brüder, die alle von Steinen zur Welt gebracht wurden.

Qat war der Schöpfer vieler Dinge. Mit seinen Händen formte er sie, schenkte ihnen Gestalt und Namen. So entstanden auch Pflanzen und Tiere. Was immer Qat einfiel, das machte er mit Freude und voller Neugierde.

Es dauerte nicht lange und er wollte unbedingt Menschen erschaffen. Aus dem Holz des Drachenbaumes schnitzte er ihre Köpfe und Arme, die Beine und den Rumpf. Ihre Nasen bereiteten ihm die größte Mühe, selbst mit den Ohren kam er noch besser zurecht.

Das Holz des Drachenbaumes reichte für sechs Menschen und keinen mehr. Als Qat seine Arbeit beendet hatte, stellte er die Figuren der Reihe nach auf. Da standen sie nun, leblos und mit Gesichtern, die Masken glichen. Immerzu starrten sie ihn an. Nichts rührte sich, nichts regte sich in ihnen.

Darum entschloss sich Qat, vor seinen Geschöpfen zu tanzen. Er stampfte mit den Füßen, zuckte mit dem Körper und wirbelte im Kreis herum. Nach einer Weile schienen die Figuren zu erwachen. Sie ahmten seine Bewegungen nach, aber sie taten es noch steif und ruckartig. Wie Puppen knickten sie immer wieder ein.

Da setzte sich Qat hinter seine Trommel. Er schlug sie langsam, schlug sie schneller, er schlug sie leise, schlug sie lauter. Bald schwang die Erde im Rhythmus, den Qat ihr gab, und die Gräser und die Bäume zitterten und schaukelten mit. Auch die Figuren aus dem Holz des Drachenbaumes horchten auf. Sie fingen an zu tanzen, zaghaft zuerst und vorsichtig, dann immer mutiger, immer rascher, bis ihre Bewegungen mit dem großen Lebenstanz der Trommel verschmolzen.

Jetzt konnten die Figuren ohne Hilfe stehen und gehen; jetzt fühlten sie sich traurig, wenn ihnen danach zumute war, oder sie freuten sich. Nur Qat wusste, dass seinen Geschöpfen noch etwas fehlte. Deshalb sagte er zu der ersten Figur: „Du bist eine Frau." Und zu der zweiten Figur sagte er: „Du bist ein Mann." Danach führte er sie zusammen und die anderen Paare auch. So wollte er es.

Während der ganzen Zeit hatte ein Bruder von Qat heimlich zugesehen. Dieser Bruder war ausgerechnet Murawa, der Tölpel, dem alles misslang.

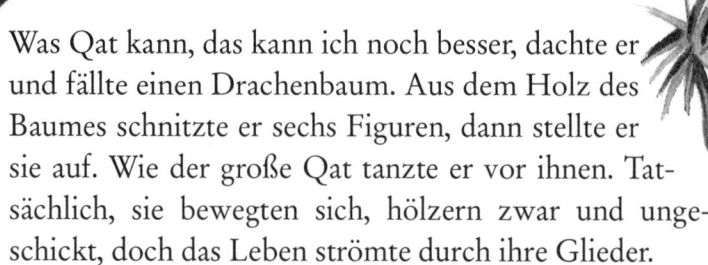

Was Qat kann, das kann ich noch besser, dachte er und fällte einen Drachenbaum. Aus dem Holz des Baumes schnitzte er sechs Figuren, dann stellte er sie auf. Wie der große Qat tanzte er vor ihnen. Tatsächlich, sie bewegten sich, hölzern zwar und ungeschickt, doch das Leben strömte durch ihre Glieder.

Nur einer schien davon nichts zu merken: Murawa, der Tölpel. Viel zu lange dauerte ihm der Tanz! Er war erschöpft und seine Arme und Beine schmerzten. „Morgen oder übermorgen machen wir weiter", versprach er den Figuren. Dann legte er sie in eine Mulde und warf Erde darüber, weil er nicht wollte, dass sie entdeckt wurden. Ein Tag verstrich, ein zweiter, eine ganze Woche, bis Murawa endlich zurückkam. Als er die Figuren ausgrub, waren sie längst in Verwesung übergegangen …

Auf diese Weise erhielt der Tod Zutritt zur Welt. Qat litt mit den Geschöpfen, die künftig sterben mussten. Am liebsten hätte er aufgehört, Pflanzen und Tiere zu erschaffen, weil sie doch nur dem mächtigen Vernichter zum Opfer fielen. Aber ein wichtiges, nützliches Tier fehlte noch – das Schwein. Er formte es rund und rosig und ließ es auf zwei Beinen davonstolzieren.

So ein Wesen hatten Qats Brüder noch nie gesehen. „Warum steht es aufrecht? Ist es ein Mensch oder was ist es?", japsten sie und hielten sich die Bäuche vor Lachen. Qat hörte ihrem Spott eine Weile zu. Dann wollte er das Schwein nicht länger der Lächerlichkeit preisgeben und befahl ihm, auf allen Vieren zu laufen. Die Nachkommen des Schweines tun das bis heute, denn sie scheuen eine Verwechslung mit den Menschen.

Unermüdlich dachte sich Qat etwas Neues aus. Sogar das erste Kanu baute er. Qat kannte alle Geheimnisse des Lebens. Doch ein Geheimnis blieb selbst ihm verschlossen. Er wusste nämlich nicht, wie er die Dunkelheit machen sollte! Damals, am Anfang der Welt, leuchtete das Licht ununterbrochen. Es gab keine Dämmerung, keine Nacht und keinen Schlaf, nur das immer während Licht, das in den Augen brannte.

Dieses Licht – es war zu viel für seine Brüder. Sie wünschten sich eine andere, dunklere Welt und murrten und schimpften: „Qat, es ist zu hell. Wir halten das nicht mehr aus. Tu etwas dagegen!" Eines Tages, als ihn die Brüder wie so oft mit ihren Klagen überfielen, stieg Qat in sein Kanu. „Irgendwo muss es noch etwas anderes geben als das Licht", dachte er und fuhr immer weiter auf das Meer hinaus.

Schließlich erreichte er die ferne Grenze, an der sich Erde und Himmel berühren. Dort wartete die Nacht auf Qat. Sie strich ihm über die Augen, bis er müde wurde und den Schlaf kennen lernte. Von seiner Reise, die viele Jahre dauerte, brachte er neben der Dunkelheit nachtschwarze Augenbrauen mit.

Dies ist die wahre Geschichte von Qat. Aber genauso wahr könnte eine andere sein, die erzählt wird. Danach segelte er nicht über das Meer, sondern erkundigte sich überall und hörte sich neugierig um. So erfuhr er auch, dass auf den Torres-Inseln ein Stück Nacht zum Verkauf stand. Qat fesselte sein größtes Schwein, das er gegen die Dunkelheit eintauschen wollte. Dann legte er es in sein Kanu und steuerte die Inseln an. Als er zurückkehrte, hatte er einen Sack dabei, in dem die Nacht steckte. Unter dem Arm aber trug er einen kräftigen, jungen Hahn.

„Macht eure Betten", befahl er den Brüdern, die zum Strand gelaufen waren. Verständnislos schauten sie ihn an, weil sie noch nie etwas von einem Bett gehört hatten. Da seufzte er und zeigte ihnen, wie man Palmwedel auf dem Boden ausbreitet. Erst jetzt öffnete Qat den Sack. Sobald die Sonne das Stück Nacht von den Torres-Inseln entdeckte, verließ sie eilig den Himmel. Nur ein kleiner

Teil ihrer roten Scheibe blickte noch hinter dem Meer hervor und wunderte sich über Qats Brüder.

„Hilf uns, Qat", jammerten sie ängstlich. „Das Licht geht fort. Wir sehen nichts mehr. Wo bist du denn, Qat?" – „Hier bin ich, ganz in eurer Nähe", tröstete er sie und legte sich auf die Palmwedel. „Seid endlich still. Die Nacht schwebt schon über uns."

Allmählich spürten die Brüder, dass sie müde wurden. Sie atmeten leiser und ihre Augen fielen zu. „Müssen wir jetzt sterben?", fragte einer der Brüder mit schwerer Zunge. „Nein, das ist der Schlaf", antwortete Qat. „Es ist nur der Schlaf."

Nicht einmal Qat wusste, wie lange die Dunkelheit über das Licht herrschen durfte. Darum hatte er von den Torres-Inseln den Hahn mitgebracht. Der krähte laut, sobald er die Nacht nicht mehr ertrug, und alle Vögel, die großen wie die kleinen, stimmten ein.

Als Qat den Morgengesang hörte, stand er auf. Mit einem roten Obsidian, scharf wie ein Messer, schnitt er ein Loch in die Nacht und schaute hindurch. Da erblickte er weit hinter dem Meer ein blaues, funkelndes Licht, das immer heller wurde. Dieses Licht strömte durch das Loch, strömte unaufhaltsam, bis es den ganzen Himmel bedeckte. Jetzt erwachten auch die Brüder. Sie rieben sich die Augen und schüttelten ihre Träume ab.

Qat lächelte, während er sie betrachtete. Er war glücklich und traurig zugleich. „Das Licht ist wieder da", sagte er leise. „Aber die Dunkelheit kommt zurück. Wie Tag und Nacht wird unser Leben sein."

Noch ist die Welt nicht ganz vollendet. Immer wieder tauchen neue Geschöpfe auf. Alles wächst und verändert sich. Nichts erscheint fertig, nichts vollkommen. Sogar der Schöpfer wandert unruhig durch diese Welt und überlegt, was ihr noch fehlen könnte. Besonders schwer haben es die Menschen. Sie müssen so viel lernen, vom Feuermachen bis zum Festefeiern. Wie hilflos wären sie dabei ohne die Kenntnisse und Fähigkeiten der Tiere!

Eine Welt voller Überraschungen

Mit dem Sturmwind kamen die Kängurus

Australien, Legende der Aborigines

Damals, am Anfang der Schöpfung, erhob sich ein großer Sturm, der den ganzen australischen Kontinent heimsuchte. Brausend und brüllend fegte er über das Land und knickte die Bäume, als wären es hilflos schwache Halme. Auch die Erde deckte er so lange ab, bis der steinige Grund zutage trat. Von dem Sand, der hochgewirbelt wurde, verfinsterte sich der Himmel. Rot glühende Wolken bildeten sich, schwollen auf, wuchsen zu riesigen Wolkentürmen heran.

Die ersten Menschen flüchteten sich vor der Sturmgewalt in den Schutz überhängender Felsen. Aus ihrem Versteck sahen sie, wie Grasballen und entwurzelte Büsche vorübertrieben. Selbst kopfgroße Steine pfiffen durch die Luft. Noch nie hatten die Menschen so ein grimmiges Wüten, so eine zerstörerische Kraft erlebt.

Voller Angst hielten sie sich fest, drängten sich möglichst eng zusammen. Da entdeckten sie hoch am Himmel seltsame Tiere, die der Sturm davontrug. Sie wirkten schon sehr erschöpft von ihrer Luftreise und versuchten, mit den Schwänzen zu rudern, weil sie keine Flügel hatten.

Vergeblich hielten die Tiere Ausschau nach einem Halt in dem pfeifenden, tobenden Durcheinander. Immer wieder stemmten sie sich gegen das Unwetter, wollten zurück auf den festen Boden. Deshalb streckten sie ihre Hinterbeine zur Erde hinunter, streckten sie mit aller Kraft, sodass sie länger und länger wurden.

Als der Sturm eine Atempause einlegte, fielen die Tiere jäh aus dem Himmel und landeten in den Wipfeln der Bäume und in den Sträuchern. Nach einem Augenblick des Staunens über die unverhoffte Rettung setzten sie zu mächtigen Sprüngen an. So rasch hüpften sie davon, dass ihnen die Menschen, die durch die überraschende Stille wie gelähmt waren, kaum mit den Augen folgen konnten.

Es dauerte eine Weile, bis sie aus ihrer Erstarrung erwachten. Aber danach klatschten sie vor Freude in die Hände. „Das Fleisch der Tiere wird unsere leeren Mägen füllen", riefen sie und tanzten.

Freilich mussten die Menschen erst mühsam lernen, wie man den flinken Geschöpfen beikommt. Manchmal, wenn die Jagd erfolgreich war, saßen sie dann zusammen und erinnerten sich an den Sturm.

„Warum hat er die Kängurus durch den weiten Himmel geblasen?", fragten sie dann verwundert. „Woher stammen diese Geschöpfe, die nicht fliegen können und trotzdem geflogen sind?"

Aber das blieb ein Geheimnis – wie so vieles in der Schöpfung.

Der Sack der schönen Dinge

Nordamerika, Legende der Papago

Es war ein später Herbsttag. Die Luft sah aus wie Glas und die Wolken am Himmel schwammen im milden Sonnenlicht. Vor seinem Zelt saß der Vater des Lebens. Er beobachtete die Kinder, die am Flussufer spielten. Sie jagten einander, versuchten sich zu fangen. Dabei klangen ihre Stimmen hell und leicht, fast wie Vogelstimmen, so sorglos.

Auf einmal glitt ein Schatten über das Gesicht des Vaters und er machte eine Handbewegung, als wollte er einen bösen Traum fortscheuchen. Aber die Gedanken, die ihn mitten im Glück befallen hatten, ließen sich nicht so rasch vertreiben. „Auch diese Kinder am Fluss", dachte er bitter, „werden eines Tages alt und gebrechlich. Dann schrumpft ihre Haut und zeigt Runzeln wie ein im Gras vergessener Apfel. Unter dem eisigen Hauch des Winters ergrauen ihre Haare und ihre Glieder erstarren."

Der Herr der Welt wäre noch trauriger geworden, wenn er sich nicht rechtzeitig besonnen hätte. „Was stimmt mich eigentlich so trüb?", murmelte er unwillig und schüttelte den Kopf. „Die Gegenwart ist doch warm und voller Glanz! Weshalb denke ich ausgerechnet jetzt an eine düstere Zukunft?" Er schimpfte eine Weile mit sich, bis ihn die Blumen ablenkten, die noch blühten. Ihre Farben leuchteten so kräftig, dass er sich daran kaum satt sehen konnte. „Ich will den Kindern etwas Besonderes schenken", sagte er plötzlich, während er schon aufstand. „Das soll ein Geschenk sein, an das sie sich, auch wenn sie längst alt geworden sind, mit Freude erinnern."

Fröhlich summend holte er einen Sack hervor, warf ihn über die Schulter. Dann wanderte er durch seine Schöpfung und sammelte alles ein, was ihm gefiel: ein paar vorwitzige Sonnenstrahlen und ein sanftes Himmelsblau, die rotgoldenen Blätter des Ahorn, ein Mädchenhaar und einen blauen Stein. Ganz zuletzt fing er noch die Vogellieder, fing sie mit der Hand und steckte sie zu den anderen schönen Dingen in den Sack.

Als er zurückkehrte, rief er die Kinder zu sich. „Ich habe euch eine Überraschung mitgebracht", sagte er geheimnisvoll, bevor er den Sack von der Schulter gleiten ließ. Kaum hatte er ihn aufgeschnürt, da stiegen aus der dunklen Öffnung Schmetterlinge empor, die in allen Farben schillerten und funkelten. Zu Hunderten ließen sie sich vom warmen Wind davontragen. Dabei sangen sie mit zarten, klaren Vogelstimmen, sodass die Kinder, die nach den wunderbaren Wesen greifen wollten, wie verzaubert stehen blieben.

Der Gesang der Schmetterlinge lockte auch eine Drossel herbei. Traurig setzte sie sich auf die offene Hand des Schöpfers. „Was hast du getan?", fragte sie vorwurfsvoll. „Als wir von dir erschaffen wurden, gabst du jedem Vogel ein Lied. Keiner sang wie der andere. Darauf waren wir stolz, bis du dein Geschenk wieder an dich genommen hast. Genügt es nicht, wenn diese Flattergeschöpfe schöner sind als alle anderen? Müssen sie auch noch unsere Lieder singen?"

„Du hast ja so Recht", sagte der Vater des Lebens. Schuldbewusst fügte er hinzu: „Ich wollte dir nicht wehtun. Bitte, verzeih mir!" Während er über den Kopf der Drossel strich, kehrten die Lieder zu den Vögeln zurück. Die Schmetterlinge aber verstummten.

Dafür behielten sie jedoch ihre Schönheit, die kein
Traum erfinden kann. Eine Schönheit, an die sich die
Menschen voll Wehmut und Dankbarkeit selbst noch im
eisigen Winter erinnern ...

Wie die Menschen aus Langeweile erschaffen wurden

Afrika, Volksgut

Der Geist der Erde gähnte ausgiebig. Er hielt nicht einmal die Hand vor den Mund, denn niemand ertappte ihn beim Gähnen. Das kam davon, weil er ganz allein in seiner Hütte lebte. Aus Langeweile hatte er sogar ein Dorf nur für sich gebaut. Aber dadurch merkte er noch stärker, wie allein er war. Nichts rührte sich, nichts regte sich. Sogar die Vögel mieden den traurigen Ort.

„Diese Langeweile macht mich noch krank", murrte der Geist der Erde. Dabei stopfte er seine Pfeife und paffte missvergnügt vor sich hin. Nicht einmal die Rauchwölkchen, die er in den Himmel blies, konnten ihn aufheitern. Außerdem hatte er gerade gegessen und er war bestimmt kein guter Koch. Jahraus, jahrein rührte er dasselbe Essen zusammen!

Deshalb rief er so laut, dass es jeder im Dorf hören konnte (aber es hörte natürlich niemand): „Ich weiß, was mir fehlt – eine Frau, die gut kochen kann, und ein Mann, der mit mir raucht!" Kaum hatte er das gesagt, geriet er auch schon ins Grübeln. „Was ist", fragte er sich, „wenn die Frau nicht kochen will und dem Mann der Tabak nicht schmeckt?" Also musste er, um sicherzugehen, mehr als zwei Menschen erschaffen, am besten so viele, dass überall im Dorf ihre Stimmen ertönten, von Hütte zu Hütte …

Der Geist der Erde dachte eine Weile nach. Dann stattete er seinem Lieblingsbaum, der voller Nüsse hing, einen Besuch ab. Er schüttelte ihn, bis die harten Früchte auf den Boden prasselten. Wie ein Platzregen stürzten sie herunter! Als es wieder still war, füllte der Geist die Nüsse in einen Korb und ging zum großen Wasser. Dort lag sein Boot.

Und es lag noch etwas anderes im Wasser – ein gewaltiges Krokodil. Das Ungeheuer schien zu schlafen. Aber seine Augen, die es lauernd aufklappte, verrieten dem Geist der Erde, dass es hellwach war. „Komm zu mir! Ich brauche dich", sagte er. Da setzte sich das Tier in Bewegung. Schnaufend und prustend kam es näher und ließ sich, wenn auch widerstrebend, vor das Boot spannen. Denn der Herr der Erde gehört nicht zu denen, die ein Ruder in die Hand nehmen ...

„Bring' mich weit hinaus", sagte er nun und das Krokodil begann die schwere Last zu schleppen. Es zog, es zerrte unermüdlich. Seine Beine schmerzten schon und sein Atem rasselte. Doch das Ungetüm mit dem großen Rachen und den scharfen Zähnen hielt nicht eher still, bis der Geist der Erde den Befehl dazu gab.

Feierlich nahm er jetzt eine Nuss, drehte sie in der Hand, hauchte sie an. „Aus dir kommt ein Mann heraus", sprach er feierlich und warf sie in das Wasser. Mit der zweiten verfuhr er genauso, sagte nur: „In dir steckt eine Frau". So überließ er eine Nuss nach der anderen den grünen Fluten und keine ging unter oder wurde von einem gefräßigen Fisch verschluckt. Der Wind und die Wellen trugen sie zum Ufer.

Sobald der Geist der Erde den Korb geleert hatte, ließ er sich wieder zurückbringen. Obwohl das Krokodil müde war, ruderte es noch einmal mit den Beinen und setzte alle Kräfte ein. Als es die Menschen am Strand entdeckte, funkelten seine Augen. Für diese seltsamen Wesen hatte es sich gequält! „Ich werde mich an euch rächen, Kinder des Nussbaumes", dachte es grimmig. „Wartet nur, wenn ihr mir zu nahe kommt …"

Die Menschen, denen noch die Nussschalen in den Haaren klebten, begrüßten den Geist der Erde voll Freude. „Da sind wir", riefen die Männer, und die Frauen sagten: „Wir sind aber auch da!" Ihr Schöpfer führte sie in das Dorf. Er zeigte ihnen die Hütten, die sie von nun an bewohnen durften. Danach feierten sie ein Fest. Die Frauen kochten und es schmeckte sogar dem Geist der Erde.

Von nun an war er der Häuptling im Dorf. Deshalb stopfte er sich als Erster seine Pfeife und alle Männer

machten es ihm nach. Da riefen die Frauen aufgebracht:
„Von eurem Tabak stinken die Hütten! Raucht gefälligst
draußen!"

„Wahrhaftig! Ich glaube, hier wird es mir nicht mehr
langweilig", lachte der Geist der Erde in sich hinein und
blinzelte den Frauen zu.

Der Junge, der keine Angst vor den geflügelten Löwen hatte

Afrika, Legende der Damaran

In jenen Tagen, als die Welt ganz neu war und glänzte wie ein Ei, hatten die Menschen noch kein Feuer. Vor allem in den Nächten und am Morgen, wenn ein Stern nach dem anderen blasser wurde, froren sie erbärmlich. Schlotternd vor Kälte beobachteten sie die Löwen, die bei ihrem Feuer saßen und sich im Widerschein der Flammen wärmten.

Damals herrschten die Löwen über alle Geschöpfe. Sie waren auch die Hüter des Feuers. In seiner Glut schmiedeten sie gefährliche Waffen. Außerdem konnten die Löwen fliegen. Wie gewaltige Schatten schwebten sie unter der Sonne und stürzten sich, sobald sie ein Beutetier erspähten, schrecklich brüllend auf ihr Opfer.

Immer wieder dachten die Menschen an das Feuer, das vor der Löwenhöhle brannte. „Wenn es weiter so kalt ist, erfrieren wir noch", klagten sie. Irgendjemand musste den Löwen ein Stück vom Feuer, und sei es nur einen brennenden Ast, entwenden. Doch niemand brachte den Mut dazu auf. Wie oft hatten die Menschen schon gesehen, wozu der Löwenmann in seinem Zorn fähig war …

Lediglich ein Junge, fast noch ein Kind, wunderte sich über die Angst der Männer. „Lasst mich zu den Löwen gehen", bat er. „Ich bringe euch das Feuer." – „Nein, bleib hier. Bleib bitte hier", widersprachen die Frauen, denn sie fürchteten um das Leben des Jungen. Aber der zeigte sich unbeeindruckt von ihrem Flehen. „Ich muss es tun", sagte er und sammelte Ruhe und Kraft, bevor er aufbrach.

Damals, als die Welt wie neu glänzte, lebten die Löwen jenseits des großen Flusses. Weil es tagelang, wochenlang geregnet hatte, war sein Wasser über das Ufer getreten. In furchtbaren Wirbeln kreiste es und riss alles mit, was sich ihm entgegenstellte. Trotzdem warf sich der Junge in die Fluten und gelangte, weil es sein Glück so wollte, auf die andere Seite des Flusses. Es war noch früh am Morgen und der Himmel klarte bereits auf. Ein scharfer Wind hatte die Regenwolken vertrieben.

Der Junge setzte sich vor den Eingang der Löwenhöhle, in die Nähe des Feuers, das leise knisterte. „Was willst du dort draußen?", rief die Löwin, deren Mann auf der Jagd war. „Komm doch lieber herein und leiste mir Gesellschaft." – „Ich bin noch nass vom Regen und vom Fluss. Ich muss mich erst aufwärmen", antwortete der Junge. Als

die Löwin merkte, dass er sich nicht so leicht einfangen ließ, dachte sie an die Mahnung ihres Mannes. „Wenn ein Fremder kommt", hatte er ihr immer wieder eingeschärft, „dann verständige mich sofort."

Sie überlegte eine Weile, überlegte hin und her, was sie tun sollte, damit der Junge nicht misstrauisch wurde. Schließlich kniff sie ihr Kind, bis es vor Schmerzen wimmerte und schrie. Was blieb ihr anderes übrig, als den kleinen Balg mit einem Lied zu beruhigen?

„Sei still, mein Kind,
sei wieder still.
Es ist nur ein Gast,
der beim Feuer sitzt.
Nur ein Gast!"

So sang sie und beobachtete dabei den Jungen, der jetzt einige Äste zu einem Bündel verschnürte. Hastig kniff sie das Kind noch einmal und musste, weil es erneut zu jammern begann, ihr Lied wiederholen. Das hörte der Löwe, der durch die Steppe zog. Er wurde davon ganz unruhig. Als er den Gesang seiner Frau zum dritten Mal vernahm, packte ihn die Angst. „Da stimmt etwas nicht", dachte er und wollte fliegen. Aber die Luft war so nass und so schwer, dass er nicht von der Erde hochkam. Also rannte er nach Hause, rannte und rannte.

Erst in der Nähe der Höhle wurde er vorsichtig. Jetzt schlich er und nutzte den Schutz der Felsen. Sobald er jedoch den Jungen entdeckte, verschwand seine Sorge. Ohne ihn eines Blickes zu würdigen, ließ er sich gegenüber dem Eindringling nieder. „Was ist los, Frau?", erkundigte er sich. Die Stimme des Löwenmannes klang

dabei so gedehnt, als würde er gleich einschlafen. In Wirklichkeit unterdrückte er nur seinen Zorn.

„Das Kind hier wollte nicht still sein. Darum habe ich gesungen", erwiderte die Löwin. Auch sie verfiel nun in diesen seltsamen Ton, der nichts Gutes bedeutete. „Und weshalb hast du unseren Gast nicht zu dir in die Höhle gebeten?", fragte der Löwe weiter. „Er hat meine Einladung abgelehnt", gab die Löwin zur Antwort. „Das stimmt. Ich war es, der den freundlichen Worten deiner Frau keinen Glauben schenkte", bestätigte der Junge und legte einen großen Ast auf das Feuer.

„Ich vermute, wir haben genügend geredet", sagte der Löwe und machte sich bereit zum Sprung. Er heftete die sonnenglühenden Augen auf den Jungen, wollte ihm seine Kraft, seine Stärke nehmen. Doch dieser widerstand dem schrecklichen Blick. Während er zurückstarrte, dachte er an das Feuer, dachte an nichts anderes. Dann, wie ein Blitz, kam die Entscheidung. Wutschnaubend schnellte sich der Löwe durch die Luft und landete dort, wo gerade noch der Junge gesessen hatte, aber jetzt nicht mehr. Denn nun stand er neben dem Feuer und schwenkte einen brennenden Ast in der Hand. Mit der anderen Hand griff er nach dem Holzbündel. Ein Tritt von ihm schleuderte das Löwenkind, das neugierig aus der Höhle gekrochen war, in die Flammen. Dort heulte es noch kläglicher als zuvor und seine Eltern mussten es retten, ehe sie dem Räuber nachsetzen konnten.

Der Junge aber war längst durch den Fluss geschwommen. Jubelnd empfingen ihn seine Leute und zündeten, immer noch jubelnd, ein großes Feuer an. Danach rieben sie den Frierenden mit Fett ein, hüllten ihn in Schaffelle. An diesem Tag bekam er als Einziger ein Stück Fleisch, das sie von allen Seiten brieten, bis es eine feste Kruste hatte.

Was mit den Löwen geschehen ist? Der Zorn und die Scham trieben sie weit fort, in ein anderes Land, in eine andere Höhle. „Warum hast du den Jungen nicht sofort gefangen?", brüllte der Löwe jedes Mal, wenn er an das geraubte Feuer dachte, und seine Frau fauchte dann zurück: „Ich habe auf meinen starken Mann gewartet. Doch da wusste ich noch nicht, dass dieser Mann in Wirklichkeit ein Tölpel ist."

Der Aufstand der Tiere

Nordamerika, Legende der Ojibwa

Vor langer, langer Zeit, als die Welt noch jung war, lebten die Menschen in enger Nachbarschaft mit den Tieren. Es gab keinen Streit zwischen ihnen, auch keine Fremdheit. Denn die Tiere verstanden die Sprache der Menschen und die Menschen jene der Tiere.

Damals waren die Winter noch strenger als heute. Wenn der schneidende Frost einsetzte, zogen sich alle Lebewesen in ihre Hütten und Höhlen zurück. Selbst die Flüsse stockten und die Luft schien zu erstarren.

In der großen Stille, die dann herrschte, legten sich die Tiere zu den Menschen. Sie bliesen ihren warmen Atem über die Körper der Frierenden und schützten die Kinder, die besonders unter der Kälte litten, mit ihrem Pelz.

Manchmal dauerten diese Winter so lange, dass eine Hungersnot ausbrach. Dann suchte der Bär die Menschen auf. „Nehmt mein Fleisch", sagte er demütig. Auch der Hirsch bot sich als Opfer an und sogar das scheue Moorhuhn schlüpfte freiwillig in die Pfanne.

Mit der Zeit verließen sich die Menschen immer stärker auf ihre Helfer. Wenn sie das Verlangen nach einem Rebhuhn hatten, schickten sie den Fuchs zur Jagd. Wünschten sie sich aber ein Kaninchen, schwang sich der Falke in die Luft und brachte es ihnen. Nicht einmal der Specht blieb von den Aufträgen der Menschen verschont. Tagein, tagaus musste er den Saft der Bäume für sie abzapfen.

Die Tiere fügten sich viele Jahre. Ohne zu murren, mit gleich bleibender Freundlichkeit, trugen sie alle Lasten, die ihnen aufgebürdet wurden. Doch je mehr sie den Menschen dienten, umso weniger Zeit hatten sie, ihre eigenen Kinder großzuziehen oder Vorräte für die Wintermonate anzulegen.

„So darf es nicht weitergehen, sonst ziehen wir den Kürzeren", sagten sie schließlich. In ihrer Not beschlossen sie, eine Ratsversammlung abzuhalten. Das Stachelschwein trug diese Nachricht durch den Wald. Unermüdlich huschte es von Höhle zu Höhle, von Nest zu Nest und bereitete die Tiere auf das Treffen vor.

Sobald der große Tag anbrach, strömte alles herbei, was kriechen, springen, laufen oder flattern konnte. Sogar die Fische drängten sich im Fluss, der am Versammlungsplatz vorüberfloss, und streckten die Köpfe aus dem Wasser. Bevor die Tiere ihre Beratungen aufnahmen, wählten sie den Bären zum Sprecher, denn er war der Stärkste unter ihnen. „Die Menschen nützen unsere Freundlichkeit aus", rief er voller Grimm. „Sie überhäufen uns mit Arbeiten. Wer von euch kann sich noch frei bewegen, wer kann noch frei atmen?"

Der Bär hatte kaum zu Ende gesprochen, als die anderen Tiere in seine Klage einstimmten. „Dauernd verlangen die Menschen, dass ich Bäume für sie fälle", schimpfte der Biber, und das Murmeltier lenkte die Aufmerksamkeit mit einem schrillen Pfiff auf sich. Zornbebend sagte es: „Wenn wir nicht wollen, dass das Unrecht weitergeht, müssen wir die Menschen töten." – „Ja, tötet sie", scholl es wie ein Echo aus der Versammlung.

Nur der Hund widersprach. „Ich bin gegen diese Strafe. Sie ist zu hart", sagte er störrisch und runzelte dabei die Stirne. „Nicht alle Tiere werden von den Menschen unterdrückt, nicht alle werden geschunden. Oder wisst ihr vielleicht, welche Lasten sie den Schmetterlingen und den Fröschen auferlegen? Ich kann es euch sagen: keine, gar keine!"

Der Vielfraß hatte bis dahin mit finsterem Gesicht zugehört. Jetzt erhob er sich und höhnte: „Wer unter den Menschen leidet, trägt selbst die Schuld daran. Er erniedrigt sich zum Knecht. Darum verdient er es, auch wie ein Knecht behandelt zu werden." Nach einer Pause, in der die anderen Tiere vor Verblüffung schwiegen, fuhr er listig fort: „Nicht jeder ist imstande, die Menschen zu töten. Habt ihr schon entschieden, wer diese Aufgabe übernehmen soll?"

„Darüber müssen wir erst noch beraten", stotterte der Bär, den diese Frage sichtlich aus der Fassung brachte. Aber den Vielfraß schien dies nicht zu kümmern. Er redete einfach weiter. „Du bist doch der Stärkste!", stichelte er. „Also geh' zu den Menschen und verbreite unter ihnen Angst und Schrecken." Darauf brach ein Höllenlärm aus. „Ja, geh' zu ihnen, tapferer Bär", jubelten die Tiere und feierten ihren Sprecher.

Sie hatten sich freilich zu früh gefreut. „Schaut mich an: Ich bin schon alt und ich bin schwerfällig", sagte der Bär. Dabei wurde er ganz blass. „Außerdem sehen meine Augen nicht mehr so gut." – „Wie wäre es dann mit den Wölfen? Wenn sie im Rudel angreifen, kann ihnen niemand widerstehen", warf der Vielfraß ein. „Nein, bestimmt nicht, nein!", wehrte der Anführer des Rudels erschrocken ab. „Die Menschen sind viel zu klug für uns."

„Jetzt bleibt nur noch die Klapperschlange", unternahm der Vielfraß einen letzten Versuch. Doch warum sollte die Schlange mutiger sein als der Bär und die Wölfe? „Ich weiß nicht, ob mein Gift noch wirkt", jammerte

sie und ringelte sich. Blitzschnell kroch sie unter einen Busch. „Ich weiß es wirklich nicht ..."

Während die Tiere nach einem Ausweg suchten und darüber allmählich in Streit gerieten, schlich sich der Hund davon. Nur der Anführer des Wolfrudels hatte ihn gesehen. Heimlich folgte er seiner Spur und zerrte den jaulenden, winselnden Hund nach einer Weile in die Versammlung zurück. „Dieser Verräter war bei den Menschen. Er hat sie vor uns gewarnt", knurrte der Wolf.

Wütend stürzten sich die Tiere auf den Hund und wollten ihn zerreißen, aber der Bär warf sich schützend dazwischen. „Es ist aus. Es ist vorbei", knurrte er und wehrte die geifernde Meute mit seinen Pranken ab. „Der Hund soll künftig bei den Menschen leben, denn er gehört zu ihnen. Während wir durch die Wildnis streifen, wird er unterwürfig um Futter betteln und vergeblich auf einen Dank für seine Treue warten. Stattdessen bekommt er Tritte von den Menschen."

Es war still geworden unter den Tieren. Der Bär schnaubte ein wenig und wischte sich eine Träne aus den Augen. „Nein, wir lassen uns nicht mehr ausnützen", sagte er mit leiser Stimme. „Wie ältere Geschwister haben wir die Zweibeiner umsorgt. Aber das war einmal. Ab heute werden wir mit verschiedenen Zungen sprechen. Jeder wird für sich wohnen und der Mensch muss ohne unsere Hilfe auskommen."

Nach diesen Worten drehte sich der Bär um und ging fort. Auch die anderen Tiere verließen die Versammlung, die ihnen kein Glück gebracht hatte. Die Welt – sie veränderte sich und sie verändert sich noch immer. Nie mehr wird sie sein wie damals, in den ersten Tagen der Schöpfung.

Das Geschenk der Adlermutter
Alaska, Legende der Inuit

Es gab einmal eine Zeit, als das Leben schrecklich eintönig und freudlos war. Die Menschen im Norden können sich an diese Zeit noch gut erinnern. Damals ertönte bei ihnen kein Freudenschrei und erst recht kein Lachen. Sie hätten auch gar nicht gewusst, was das ist – ein Lachen.

Jeder Tag sah aus wie alle anderen zuvor. In den frühen Morgenstunden, wenn der Schnee noch dunkelblau leuchtete, zogen die Männer zur Jagd. Abends kehrten sie mit der Beute zurück. Stumm wärmten sie sich dann am Feuer, bis ihnen die Augen zufielen. Auch die Frauen und die Kinder streckten sich wortlos auf den Schlafbänken aus.

In dieser Zeit der Langeweile lebte ein Jäger mit seiner Frau und drei Söhnen. Ihr Lager hatte die Familie nicht weit vom Meer aufgeschlagen, dessen Eisplatten in der großen Kälte knirschten. Manchmal brüllten sie auch und schoben sich krachend und splitternd übereinander. Kündigte sich dann endlich der Frühling an, stieß das Eis lange Seufzer aus. Es zeigte Risse, brach ab und wurde schließlich gurgelnd vom Wasser verschluckt.

Die Söhne des Mannes übten sich schon frühzeitig im Gebrauch der Waffen, denn sie wollten so treffsicher werden wie ihr Vater. Deshalb durften sie auch, noch ehe sie erwachsen waren, allein durch das weite Land streifen. Immer häufiger geschah es, dass sie von der Jagd mit einem erlegten Tier heimkamen, ab und zu sogar mit einer Robbe. Eines Tages verschwand jedoch der älteste Sohn draußen in der Kälte und keine Spur verriet, wohin er gegangen und warum er nicht mehr heimgekommen war. Mit dem zweiten Sohn erging es nicht anders. Da befiel die Eltern ein Schmerz, der sie innerlich erstarren ließ.

Jetzt war ihnen nur noch der jüngste Sohn geblieben. Sie nannten ihn Hermelin und dachten dabei an seine flinken Augen und seine geschmeidigen Bewegungen. Am liebsten verfolgte er die Rentiere, während der Vater es vorzog, mit dem Kajak auf das offene Meer hinauszurudern. Darum trennten sich ihre Wege, sobald Hermelin das Alter seiner Brüder erreicht hatte. Was ging ihn auch die Angst der Eltern an? Als Jäger musste er lernen, für sich zu sorgen …

Das tat er und wurde dabei immer selbstbewusster und mutiger. Oft blieb Hermelin wochenlang draußen, um die Wildnis zu erkunden. Wenn er wieder in das Lager der Eltern zurückkehrte, trug er schwer an seiner Jagdbeute. Er fütterte zuerst die Hunde, die ihm kläffend entgegenrannten, bevor er sich am Feuer wärmte und auf die Müdigkeit wartete. Klaglos nahm er das eintönige Leben hin. Trotzdem spürte Hermelin manchmal, dass ihm etwas fehlte.

Eines Tages, als er wieder durch die Tundra wanderte, entdeckte er einen Adler, der seine Kreise hoch am Himmel zog. Der Jäger legte einen Pfeil auf den Bogen und wollte schießen, aber eine sonderbare Ahnung hielt ihn davon ab. Kaum hatte er den Bogen wieder über die Schulter gehängt, da stieß der Adler auf die Erde nieder. Erschrocken wich Hermelin zurück, als der Vogel vor ihm landete und dabei die mächtigen Schwingen ausbreitete.

„Hab' keine Angst vor mir", beruhigte er Hermelin, während er sein Gefieder abstreifte. Blitzschnell verwandelte er sich in einen vornehmen jungen Mann. Nur die Stimme verriet noch den Adler. Sie klang merkwürdig scharf, beinahe metallisch. „Deine Brüder mussten sterben, weil sie auf mich zielten", sagte er. „Du bist der erste Mensch, der mich nicht vom Himmel holen wollte. Dafür möchte ich dir etwas geben. Komm mit zu meiner Mutter."

Hermelin überlegte nicht lange. Neugierig folgte er dem Adlermann, dessen Gewand in der Sonne schimmerte. „Welches Geschenk willst du mir machen?", fragte er und wischte sich dabei den Schweiß von der Stirne, denn sein Gefährte war so leichtfüßig, dass er kaum Schritt halten konnte. Sie durchquerten eine Schlucht. Danach bestiegen sie einen Berg, der sich wie ein schlafender Riese aus der Ebene erhob.

Es dauerte, bis Hermelin eine Antwort bekam. Erst kurz vor dem Gipfel drehte sich der Adler um und wies auf das Land tief unter ihnen. „Ich habe beobachtet, wie ihr Menschen lebt", sagte er. „Die Langeweile begleitet euch Tag und Nacht. Ihr könnt weder lachen noch feiern. Deshalb will ich meine große Adlermutter bitten, dass sie dir die Gabe des Festes schenkt."

„Was ist das – ein Fest?", erkundigte sich Hermelin. Seine Frage ging jedoch unter in einem Klopfen, das immer lauter wurde, so laut, dass sich der Jäger die Ohren zuhielt. Aber er konnte sich diesem Klopfen nicht entziehen. Etwas in ihm schwang mit im gleichen Takt. Das war sein Herz, das dem dröhnenden Herzschlag der Adlermutter folgte. Die Stammfrau aller Adler saß hoch auf dem Gipfel des Berges. Unter jedem ihrer Flügel hätte eine Menschenfamilie Platz gefunden.

„Große Mutter", schrie der Adlermann und stemmte sich gegen den Wind, der dort oben wehte und sich zu einem Brausen steigerte. „Mein Freund hat noch nie ein Fest gefeiert. Zeige ihm, was er tun muss, damit er glücklich wird." Da leuchteten die uralten, müden Augen der Adlermutter und ihr Körper, der eben noch hinfällig gewirkt hatte, richtete sich plötzlich auf. „Baut ein Festhaus, Kinder", rief sie.

Nachdem die beiden jungen Männer das Haus errichtet hatten, fertigte die Adlermutter eine Trommel. Dazu spannte sie das Fell eines Rentieres über einen Holzrahmen. Dann schnitzte sie aus Knochen zwei Schlegel, mit denen sie stärker, immer stärker auf das Fell schlug. Der Rhythmus der Trommel füllte das Festhaus, er teilte sich dem Boden mit, er ließ die Wände zittern. „Jetzt singe", forderte die Adlermutter den Jäger auf. Als Hermelin ratlos die Schultern hob, machte sie ihm Mut: „Erzähl einfach von dir, erzähl von deinem Leben!"

Da gab sich Hermelin einen Ruck und fing zögernd an zu sprechen:

„Ich hatte keinen Freund,
bis der Adler kam.
Er sah mich an,
und ich folgte ihm
fast in den Himmel."

„Gut so, sehr gut!", rief die Adlermutter. „Aber noch fehlt die Melodie." Leise summend nahm sie die Worte des Jägers auf und gab ihnen einen weichen, wilden Klang, den Hermelin nie zuvor gehört hatte. Er konnte nicht anders, er musste einfach mitsingen. Dabei bewegte er die Füße, wie es der Adlermann tat, wirbelte im Kreis, sprang vor Freude durch die Luft. Tatsächlich, er tanzte, wollte immer weitertanzen.

So hüpfte er und drehte sich, bis die Adlermutter ihre beiden Schlegel aus der Hand legte. „Deine Eltern warten schon voller Unruhe auf dich", sagte sie. „Bringe ihnen die Gabe des Festes und vergiß nicht, dass jedes Fest mit einem großen Essen beginnt." – „Woher soll ich die Gäste für dieses Essen nehmen?", fragte der Jäger, dem auf einmal Bedenken kamen. Schließlich lag das nächste Dorf viele Wochen entfernt und er war erst ein paar Mal in seinem Leben anderen Menschen begegnet. „Das lass nur meine Sorge sein", antwortete die Adlermutter. Dabei lächelte sie geheimnisvoll.

Jetzt drängte auch der Adlermann zum Aufbruch. Er legte sein Federkleid an und Hermelin durfte auf seinen Rücken steigen. Dann stürzte sich der Vogel mit geschlossenen Schwingen vom Gipfel. Für einen Augenblick löste sich die Welt in einem gewaltigen Rauschen und Sausen auf. Hermelin verlor die Besinnung. Als er wieder zu sich kam, stand er vor seinen überraschten Eltern. Kopfschüttelnd lauschten sie den Erzählungen des Heimgekehrten. Zwar begriffen sie nicht ganz, was ein Fest war und warum Hermelin dieses Fest unbedingt abhalten wollte. Aber sie fügten sich dem Wunsch des Sohnes.

An den Tagen, die nun folgten, bauten sie ein prächtiges Haus, erfanden Lieder und fertigten Trommeln und Rasseln. Die Zeit der Vorbereitung stimmte sie erwartungsvoll wie nie zuvor. Für das Fest brauchten sie noch frisches Fleisch. Darum zog Hermelin gemeinsam mit seinem Vater auf die Jagd. Verwundert bemerkten sie, dass sie draußen in der Wildnis nicht mehr allein waren. An den entlegensten Orten, selbst im Moor, begegneten ihnen Menschen, die sich nach dem Fest erkundigten. Ihre merkwürdig spitzen Ohren zitterten dabei vor Aufregung und ihre Stimmen klangen so heiser, dass Hermelin nur mit Mühe verstand, was sie meinten.

Pünktlich zum großen Fest strömten die Fremden dann herbei. Sie trugen wertvolle Pelze und jeder von ihnen hatte ein Geschenk mitgebracht. Bis tief in die Nacht schlugen sie sich die Bäuche voll. Dazu lachten, lärmten und sangen sie und bewegten die Füße im Rhythmus der Trommel. Sogar einen Tanz wagten die Gäste und noch einen. Noch viele …

Als schließlich das Morgenlicht durch die offene Tür des Festhauses drang, brachen die Eingeladenen überhastet auf. Bei dem wilden Getümmel, das einsetzte, stürzten sie kopfüber und kugelten ins Freie. Dort verwandelten sie sich und wurden, was sie immer schon gewesen waren: Wölfe und Füchse. Auch ein paar Vielfraße und

ein paar Luchse hatten sich zu den Gästen gesellt. Auf allen vieren hetzten sie nun fort in die Tundra.

„Bleibt stehen! Bleibt bitte stehen!", rief Hermelin hinter ihnen her. „Ich will wissen, ob euch die Adlermutter zu mir gesandt hat." Aber als Antwort hörte er nur ein Kläffen und Bellen, Fauchen und Kreischen. Da entschloss er sich, die Stammfrau der Adler noch einmal aufzusuchen, um ihr zu danken. Von seinen Gästen hatte er gelernt, wie wichtig Geschenke sind. Deshalb nahm er ein großes Stück Robbenspeck mit.

Viele Tage vergingen, in denen Hermelin durch das wilde Land wanderte. Als er endlich den Adlermann traf, folgte er seinem Freund bis fast in den Himmel. Doch dieses Mal empfing ihn keine gebrechliche, alte Frau. Stattdessen strahlte die große Mutter vor Freude und ihr Federkleid leuchtete wie neu. „Wenn die Menschen Feste feiern, werden die Adler wieder jung", sagte sie.

Schließ die Augen und stell dir die allerschwärzeste Dunkelheit vor, ohne Lampen und ohne Scheinwerfer. Viele Schöpfungsgeschichten berichten von dieser Dunkelheit, aber auch von dem Augenblick, in dem die endlose Nacht ihren Schrecken verliert und der Morgen anbricht. Jetzt wird die Welt noch einmal geboren. Das Licht, so verkünden es die Schöpfungsgeschichten, ist stärker als jede Finsternis. Selbst die bösen Geister können das goldene Tageslicht, das am Himmel aufsteigt, nicht zurückhalten.

Das Licht des Himmels

Kookaburra weckt die Welt

Australien, Legende der Aborigines

Früher sah die Welt ganz anders aus als heute. Damals waren die Tiere noch groß und schwer wie Berge. Sie lebten unter einem schwarzen, fast undurchdringlichen Himmel. In der Dunkelheit kamen sich ihre gewaltigen Körper immer wieder in die Quere und stießen und rumpelten gegeneinander. Darüber wurden die Riesengeschöpfe richtig traurig. Denn sie ahnten, dass sie bald schon von der Erde verschwinden mussten, weil es dort keinen Platz mehr für sie gab.

Auch Baiame, der Herr der Welt, litt unter der drangvollen Enge. Als er diese Enge nicht länger ertrug, zog er hinauf in die Milchstraße. Mit ihm zog ein anderer Geist, Punjel genannt, der Baiame überallhin begleitete und dafür sorgte, dass sich der große Schöpfer nicht einsam fühlte. Die beiden saßen in der Kälte und starrten hinunter auf die Erde. „Ich friere", sagte Punjel leise und schlug die Arme um den Körper. „Mir geht es genauso", antwortete Baiame. Plötzlich hellte sich sein Gesicht auf. „Was hältst du davon, wenn wir Brennholz sammeln?", fragte er.

Punjel freute sich, dass es endlich etwas zu tun gab. Bald schon hatten die Götter einen mächtigen Holzstoß vor ihrer himmlischen Wohnung aufgeschichtet. Aber Baiame war noch nicht zufrieden. Überall im Himmel suchte er nach abgebrochenen Ästen und umgestürzten Bäumen. „Ich glaube, jetzt reicht es allmählich", murrte Punjel, der müde wurde. „Komm, wir machen ein Feuer." – „Und woher willst du das Feuer nehmen?", erkundigte sich Baiame. „Du weißt doch genauso gut wie ich, dass wir es auf der Erde zurückgelassen haben." Punjel nickte zerknirscht und zog die Schultern ein. Warum nur war er so vergesslich? „Diese Schöpfung ist erst vollendet, wenn wir nicht mehr frieren", schimpfte er leise vor sich hin.

Ein Holzstoß und kein Feuer! Das gab es nur bei Baiame ... Erschöpft von der Arbeit setzte sich Punjel an den Rand des Himmels und schaute auf die Erde hinunter. Da entdeckte er den Adler und den Emu. Die riesigen Vögel stritten sich um ein Beutetier. Lange Zeit sah es so aus, als würde keiner der beiden die Oberhand behalten. Wütend hackten sie aufeinander los und zogen und zerrten an dem toten Tier. Im Nebel, der die Erde gefangen hielt, glich ihr Kampf einem seltsamen Schattentanz.

Als der Adler für einen Augenblick nicht Acht gab, riss der Emu die Beute an sich. Er rannte davon, rannte, so schnell ihn die Beine trugen, und suchte ein Versteck im dichten Buschland. Sogar sein Nest ließ er auf der Flucht im Stich. Vergeblich jagte der Adler hinter ihm her. Er konnte dem Fliehenden gerade noch ein paar Schwanzfedern ausreißen, dann wurde der Abstand zwischen ihnen immer größer.

Schließlich gab der Adler die Verfolgung auf und wandte sich dem Nest des Emu zu. Neugierig blickte er hinein. Auf dem dunklen Boden des Nestes glänzten zwei Eier. Schutzlos lagen sie da, weiß wie der Schnee. Wer wusste schon, warum der Adler das eine Ei in den Schnabel nahm und das andere unbeachtet ließ? Auch der Vogel hätte darauf keine Antwort gewusst …

Jetzt schleuderte er das geraubte Ei in die Luft, schleuderte es mit der Kraft der Enttäuschung und der Kraft des Zornes. Er warf es so hoch, dass es bis zur Milchstraße flog. Erst an dem Holzstoß vor der Wohnung der Götter zerbrach es. Das Eigelb floss über die trockenen Scheiter, und setzte sie in Brand. Von einem Augenblick zum anderen loderten Flammen empor. Ein Feuer entstand, wie es bis dahin noch keines gegeben hatte!

Baiame und Punjel genossen die plötzliche Wärme, die sogar das Eis des Himmels zum Schmelzen brachte. Als sich die Götter in die Tiefe beugten, zeigte die Erde ihr schönstes Gesicht. Vom Widerschein der Flammen glühten die Gebirge, grüne Wälder bedeckten das Land und die Flüsse und die Seen schimmerten blau wie der Himmel. „Oh Baiame, endlich dürfen wir diese Pracht sehen", jubelte Punjel. „Selbst für uns, die wir mächtig sind und so viele Geheimnisse kennen, ist die hell erleuchtete Welt ein Wunder."

„Ich gebe dir Recht", lächelte Baiame. „Aber wir haben unsere Arbeit noch lange nicht vollendet. Im Licht, das auf die Schöpfung fällt, werden die großen Tiere der Finsternis vergehen, eines nach dem anderen. An ihre Stelle treten kleinere Geschöpfe, die nicht mehr schwerfällig wie Berge über die Erde wandern. Sie schwimmen im Wasser und fliegen in der Luft. Den

Regenwald bewohnen sie, das weite Buschland und sogar die Wüste." Während er sprach, lösten sich aus seiner Hand ein paar Vögel. Aufgeregt flatterten sie und schwangen sich zur Erde hinunter – Vorboten der neuen, strahlenden Schöpfung.

Fast hätten die Götter übersehen, dass der Holzstoß inzwischen bis zum Boden niedergebrannt war. Die Erde, die eben noch mit kräftigen Farben geglänzt hatte, wurde wieder grau wie zuvor. Ihre Schönheit verfiel im sterbenden Licht. „Was sollen wir mit einer Welt anfangen, die sich vor uns verbirgt?", jammerte Punjel. Doch Baiame tröstete ihn. „Wir werden das Geschenk des Feuers sorgfältig hüten", sagte er. „Nachts soll es sich unter der Asche ausruhen und nur noch glühen und leise knistern. Aber sobald der Morgen beginnt, zünden wir einen neuen Holzstoß an. Das Himmelslicht weckt dann alle Geschöpfe aus dem Schlaf."

„Ich kenne keinen Schlaf", unterbrach ihn Punjel. „Erklär mir doch, wer das ist!" – „Ein Geist, der die Augen der Geschöpfe schließt", erwiderte Baiame. „Die Schlafenden werden ganz still. Ihre Seelen gehen auf eine Traumreise." Diese Antwort machte Punjel erst recht neugierig. „Was geschieht mit den Schläfern? Sind sie vielleicht tot?", fragte er. „Nein, nein", wehrte Baiame ab. „Zwar ist der Schlaf ein Bruder des Todes. Doch er hält die Geschöpfe nicht für immer fest und er zerstört sie nicht."

„Also leben sie weiter, auch wenn sie schlafen", bemerkte Punjel nachdenklich. Es gab so vieles, was ihm seltsam vorkam. „Du hast von dem Geist gesprochen, der die Augen der Schlafenden schließt", fuhr er nach einer Weile fort. „Wie sollen die Geschöpfe durch unser Feuer

geweckt werden? Sie sehen es doch gar nicht …" – „Ich werde einen Morgenstern an den Himmel hängen", versprach Baiame. „Dieser Stern kündigt das Erscheinen des großen Lichtes an." – „Das ist ein guter Gedanke", nickte Punjel. „Aber was können die Schlafenden damit anfangen? Kein Sternenglanz dringt durch ihre geschlossenen Augen."

„Natürlich nicht", antwortete Baiame nachsichtig. „Deshalb brauchen wir noch eine Stimme, die den Morgenstern begrüßt." – „Welche Stimme meinst du?", fragte Punjel zurück. Wenn es nach ihm gegangen wäre, hätte er sich die ganze Nacht mit Baiame unterhalten und alles zwei- und dreifach überlegt. Doch der Herr der Welt drehte sich einfach um. „Deine Aufgabe ist es, diese Stimme ausfindig zu machen", sagte er, bevor er in der himmlischen Wohnung verschwand.

Punjel blieb gar nichts anderes übrig – er musste sich dem Willen des großen Schöpfers beugen. Die merkwürdigsten Gedanken schossen ihm durch den Kopf. „Vielleicht sollte ich schwere Steine von der Milchstraße hinunterwerfen, jeden Morgen einen Stein. So ein Gepolter wäre das beste Weckmittel", dachte er. Gerade noch rechtzeitig kam Punjel in den Sinn, dass er dadurch mehr Schaden als Nutzen anrichten würde. Auf der Suche nach der Stimme verließ er schließlich das Sternenland und wanderte über die Erde.

Dort unten, im dichten Busch, knackten die Zweige. Der Wind bewegte die Gräser, die zu wispern begannen. Irgendwo hüpfte das Wasser eines Baches talwärts, während ein Tier auf leisen Pfoten schlich. Aber Punjel fand nicht, was er suchte. Diese Geräusche, diese Töne – sie verwehten wieder und keine Erinnerung blieb zurück.

Dann, auf einmal, hörte er Kookaburra, der ein Künstler unter den Vögeln war. Denn er tat nichts lieber, als die Rufe der anderen Vögel nachzuahmen. Außerdem konnte er laut lachen. Dabei schwoll seine Stimme glucksend an, bis sie schließlich wie ein fröhliches Meckern klang. Punjel musste nicht lange Ausschau halten nach dem merkwürdigen Wesen. Kookaburra hockte ganz in der Nähe auf dem Ast eines Baumes. Von dort oben spähte er hinunter zu dem Gott, der ihn beim Lachen gestört hatte. Unwillig sträubten sich seine Schopffedern.

„Was für eine Stimme! Damit kannst du sogar Steine zum Leben erwecken", lobte ihn Punjel. „Der große Schöpfer hat mich zu dir gesandt. Jeden Morgen sollst du den Stern begrüßen, der das Ende der Nacht ankündigt. Baiame bittet dich um diesen Dienst."

Das war das Zauberwort, dem kein Geschöpf widerstand. Verlegen trippelte Kookaburra auf dem Ast hin und her. „Will Baiame das wirklich? Ich werde den Herr der Welt nicht enttäuschen", sagte er voller Stolz.

Von nun an weckte er alle Schlafenden beim ersten Zeichen der Dämmerung. Wenn sie ihre Augen öffneten, spürten sie ein Gefühl der Leichtigkeit und des Glückes.

Daran war Kookaburras Lachen schuld, weil es ansteckend wirkte. Selbst der Morgenstern, der hoch im Osten stand, blinzelte ein wenig und lachte, ohne sein Gesicht zu verziehen, heimlich mit.

Wie Sonne und Mond
aus ihren Truhen schlüpften

Nordamerika, Legende der Zuni

Wo war die Sonne gewesen? Wo der Mond, als die Erde entstand? Der leere Himmel – er wusste es nicht. Auch die Dunkelheit gab keine Antwort auf diese Frage und selbst die Eule schüttelte nur den Kopf und schwieg. Dabei hatte sie die schärfsten Augen, denen nichts verborgen blieb in der Finsternis. Vergeblich hielten die Geschöpfe Ausschau nach der Sonne und dem Mond. Der Schöpfer hatte ihnen die beiden Gestirne versprochen, doch nirgends ließen sie sich blicken.

Am stärksten litt der Kojote unter der Nacht, die sich wie ein schwarzer Mantel auf die Erde legte und in ihren Falten alle Beutetiere vor ihm versteckte. Manchmal biss er aus Verzweiflung in diesen Mantel. Aber dadurch wurde der Hunger nur noch größer. Auf seinen Streifzügen witterte er ab und zu ein Kaninchen. Sobald er jedoch nach dem Langohr schnappte, verschwand es einfach. In der Not verlegte er sich darauf, Heuschrecken zu fangen, sonst wäre er elend ums Leben gekommen.

Seine Knochen stachen schon spitz durch das Fell und die Beine vermochten ihn kaum noch zu tragen.

Meistens hockte er deshalb vor seiner Höhle und starrte trübselig in die Dunkelheit. Eines Tages, als er wie so oft versuchte, mit leerem Magen einzuschlafen, hörte er einen sirrenden, pfeifenden Ton. Dieser Ton näherte sich, er schwoll an zu einem Rauschen. Dann streiften den Kojoten gewaltige Schwingen und ein Schatten landete neben ihm. Erst jetzt erkannte er den Häuptling der Lüfte.

„Welche Ehre, großer Adler", stammelte der Kojote und ließ sich demütig auf seinen Vorderpfoten nieder. „Noch nie habe ich Besuch bekommen. Die Dunkelheit ist wie eine Mauer zwischen den Geschöpfen. Ich kann dir nicht einmal etwas anbieten, weil ich schon lange keine Beute mehr geschlagen habe." – „So ein Heuchler", dachte der Adler, denn er kannte den Kojoten und wusste, dass dieser beim kleinsten Missgeschick weinerlich wurde. Doch dann fiel sein Blick auf die Elendsgestalt, die sich vor ihm duckte. Obwohl der Adler den Kojoten nicht besonders mochte, regte sich Mitleid in ihm.

„Wenn du willst, kannst du mich auf die Jagd begleiten", sagte er und setzte, als täte ihm sein Vorschlag bereits Leid, mit harter Stimme hinzu: „Ich brauche aber einen tüchtigen Gehilfen. Also streng' dich an." Während der Adler noch sprach, fiel von dem Kojoten alle Trübsal ab. Wild jaulend sprang er hoch. In seinem Ungestüm hätte er den Häuptling der Lüfte beinahe umgeworfen. „So einen Jagdgefährten wie mich erhältst du nie wieder", prahlte er. Vor Begeisterung vergaß der Kojote ganz, dass er eben noch verzweifelt und am Ende gewesen war.

Ohne zu überlegen zog er mit dem Adler hinaus in das schwarze Land. Seine Augen versuchten vergeblich, die Dunkelheit zu durchdringen. Immer wieder verfing er sich in einem Dorngestrüpp oder riss die Pfoten an scharfen Steinen auf. Er wollte gerade verzagen, als der Adler, der fast so gut wie die Eule sehen konnte, ein Kaninchen erspähte und mit angelegten Flügeln auf seine Beute niederstieß. Der Klageschrei des sterbenden Tieres lockte auch den Kojoten herbei. Heißhungrig verschlang er, was sein Gefährte übrig gelassen hatte. Anschließend leckte er sich die Lippen und rollte sich müde und satt zusammen.

Doch da zischte der Adler: „Wo bleibt deine Beute? So bist du mir keine Hilfe!" Wütend hieb er mit dem Schnabel nach ihm. „Nicht einmal die Knochen des Kaninchens hast du verscharrt." – „Was soll ich denn tun?", verteidigte sich der Kojote. „In dieser schrecklichen Finsternis bin ich blind wie ein Maulwurf. Sogar meine Pfoten sind mir fremd. Wie kann ich da noch abgenagte Knochen erkennen? Wir brauchen die beiden Lichter, die uns der Schöpfer versprochen hat."

„Ja, das ist wahr", sagte der Adler besänftigt. „Ich habe gehört, dass es diese Lichter irgendwo im Westen geben soll. Aber es wird nicht leicht sein, den Mond und die Sonne ausfindig zu machen." – „Immer noch leichter,

als in der Dunkelheit elend zugrunde zu gehen", erwiderte der Kojote und drängte zum Aufbruch. Der Weg, den sie einschlugen, wurde länger und länger. Er führte sie schließlich an das Ende der Welt. Dort stießen sie auf einen breiten Strom, dessen Fluten gurgelten und schäumten. Mit wenigen Flügelschlägen überflog der Adler das Wasser. Am jenseitigen Ufer ließ er sich nieder. „Komm endlich", rief er ungeduldig, „oder ich ziehe ohne dich weiter." – „Gib nicht so an", murmelte der Kojote, während er ängstlich in den Strom stieg. Als ihm das Wasser bis zum Hals reichte, begann er mit allen Vieren zu rudern und streckte die Schnauze aus den Fluten, die ihn fortzureißen drohten. Nur mit Glück erreichte er wieder festen Boden. Dort schnappte er nach Luft, ließ sich einfach fallen. „Ich wäre beinahe ertrunken und du schaust zu", japste er. „Dabei hättest du mich in deinen Fängen hinübertragen können." Den Adler schien diese Klage nicht weiter zu berühren. „Verzeih mir. Ich vergaß, dass du kein Vogel bist", sagte er herablassend und richtete sein Federkleid.

„Du eingebildeter Dummkopf", hätte ihn der Kojote am liebsten angeschrieen. Doch er wusste nicht, ob er den Häuptling der Lüfte noch brauchte. Darum verbarg er seinen Ärger. Nach vielen Tagen (oder waren es Wochen?) bemerkten sie einen Lichtstrahl, der in regelmäßigen Abständen über eine Bergkette zuckte. Jedes Mal traten schroffe Felsen aus der Dunkelheit hervor und stachen wie Speerspitzen in die Wolken. Kein Zweifel, dort drüben, hinter den Bergen, geschah etwas Geheimnisvolles!

So rasch er konnte, hetzte der Kojote die steilen Hänge hinauf. Als er oben ankam, wartete der Adler bereits und wies mit dem Schnabel auf die Ebene tief unter ihnen. Dort wimmelte es von unheimlichen Geschöpfen. In großen Sprüngen tollten sie über den Platz und stießen dabei ein Geheul aus, das markerschütternd klang. Noch entsetzlicher waren freilich die grell bemalten Masken. Aus ihren Augenhöhlen sprühten Blitze und aus den Nasenlöchern entwichen giftgelbe Schwaden.

Zitternd schmiegte sich der Kojote an die Erde. „Sei still, sei ganz still", warnte ihn der Adler und duckte sich ebenfalls. „Das sind böse Geister!" – „Hoffentlich entdecken sie uns nicht", flüsterte der Kojote. „Solange die Geister mit sich beschäftigt sind, besteht keine Gefahr für uns", antwortete der Häuptling der Lüfte. „Siehst du die beiden Truhen in der Mitte des Platzes? Die kleinere birgt den Mond, in der größeren ist die Sonne versteckt."

Die merkwürdigen Gestalten – sie tanzten um diese Truhen, tanzten unermüdlich. Zwischendurch, wenn die Trommel verstummte, beugte sich eine der Gestalten über die Sonnentruhe. Während sie den Deckel lupfte, glomm ein Leuchten hervor und ein Schein wie von einem Blitz strich über das weite Rund. „Wir müssen uns gedulden, bis die Geister erschöpft sind", flüsterte der Adler. Nachsichtig schaute er auf den Kojoten, der sich die Ohren zuhielt, weil er den Höllenlärm nicht mehr ertrug. Endlich ging der Tanz zu Ende. Mitten in ihren Sprüngen fielen die wilden Wesen zu Boden und zuckten noch ein paar Mal, bevor sie einschliefen.

Ihr gewaltiges Schnarchen hörte sich an wie ein Erdbeben. Sogar die Felsen zitterten mit. Der Adler behielt trotzdem die Ruhe. Lautlos flog er hoch, zog seine Kreise, zog sie immer enger und stürzte sich dann pfeilschnell auf die Truhen. Er packte sie mit den Fängen und trug sie, schwankend zwar und keuchend, am Himmel fort. Mit wehendem Schweif folgte der Kojote. So geschwind lief er, dass seine Pfoten brannten. Erst jenseits der Berge wurde er langsamer. Zu gerne hätte er die Deckel der Truhen einen Spalt geöffnet. „Die Sonne ist bestimmt wunderschön", dachte der Kojote, „und erst der Mond! Wie schön muss der Mond sein!"

„Bist du nicht müde?", fragte er seinen Gefährten. Doch der flog unbeirrt weiter. „Den Rest des Weges schaffe ich schon noch", rief er. „Vielleicht, vielleicht auch nicht", erwiderte der Kojote. „Was tust du, wenn du einen Krampf bekommst und die Truhen fallen lässt? Sie werden am Boden zerschellen. Weder die Sonne noch der Mond überstehen diesen Sturz." Das leuchtete sogar dem Adler ein und er ließ sich zu einer Rast überreden. „Gib ja Acht auf die beiden Gestirne. Hüte sie wie dein Leben", befahl er dem Kojoten. Danach flog er auf einen Baum und steckte den Kopf zwischen die Flügel.

Der Kojote wartete noch eine Zeit lang, bis er seine Neugierde nicht mehr bezwingen konnte. Er hob vorsichtig den Deckel der großen Truhe. Ebenso vorsichtig streckte er seine Pfoten hinein, weil er sich an dem goldgelben Feuer wärmen wollte. Aber nur kurz, sehr kurz, denn plötzlich schrie er „Au!" und noch einmal „Au!". Winselnd zog er die verbrannten Pfoten zurück und leckte sie, um den Schmerz zu lindern.

Diese Unachtsamkeit genügte der Sonne. Sie sprang aus ihrem Gefängnis und kletterte am Himmel hoch. Bald stand sie unerreichbar für den Kojoten über den Wolken. So sehr er sie auch beschwor und mit erhobenen Pfoten um ihre Rückkehr bat – die Sonne ließ sich nicht erweichen. Regungslos blieb sie und unbarmherzig.

„Ich werde ihr den Mond hinterherschicken", dachte
der Kojote in seiner Verzweiflung. „Sicherlich bringt er
die Sonne wieder zurück." Also öffnete er den Deckel
der kleineren Truhe und noch ehe er sein Vorhaben be-
reuen konnte, war ihm auch der Mond entwischt. Er ku-
gelte einfach den Himmel hinauf und versteckte sich im
Schatten der Sonne.

„Nur gut, dass der Adler so fest schläft", schoss es
dem Kojoten durch den Kopf. „Sonst würde er mir das
Fell über die Ohren ziehen." Obwohl seine Pfoten
schmerzten, rannte er davon, rannte und rannte. Er hatte
nicht einmal Augen für den ersten Tag, der gerade im In-
dianerland geboren wurde.

Weißt du, warum so viele Sterne am Himmel funkeln?

Australien, Legende der Aborigines

Weit, sehr weit von der Erde entfernt gibt es ein Land, das kein Mensch je gesehen hat. Darum weiß auch niemand, wo sich dieses geheimnisvolle Land befindet. Irgendwo muss es aber liegen, wahrscheinlich hinter dem Himmel. Denn es ist das Land der dicken, runden, vor allem aber der fröhlichen Monde. Die Monde haben allen Grund für ihre Fröhlichkeit. Sie kennen nämlich keinen Winter und keine Kälte. Das ganze Jahr über bleibt ihr Land grün. Ohne Unterbrechung blühen die Blumen und von den Bäumen hängen süße Früchte, die nur darauf warten, dass jemand kommt und sie pflückt.

Das Land hinter dem Himmel ist besonders schön, weil es noch nie von einer Dürrezeit heimgesucht wurde. Seine Quellen hören nicht auf zu sprudeln und das Wasser hüpft zwischen den Steinen und fließt durch sanfte, stille Täler.

Die Monde, die in diesem Land leben, haben weder Arme noch Beine. Wie Bälle rollen sie über die Wiesen. Dabei sind sie schneller als die Kängurus. Manchmal, wenn sie von der Lust am Leben gepackt werden, überholen sie sogar den Wind. Der pfeift dann und faucht, aber er wird nicht böse. Denn im Land hinter dem Himmel geht es sehr freundlich zu. Dort kennen sie keinen Streit.

So ein Paradies ist freilich auf die Dauer etwas langweilig. Auch die Monde merken das und es macht sie launisch und ruhelos. Immer wieder spüren sie eine Sehnsucht, gegen die sie sich vergeblich wehren. Ob sie wollen oder nicht – sie müssen in die unbekannte Ferne ziehen.

Ein Mond nach dem anderen bricht auf, ohne Vorankündigung, einfach so. Er verlässt sein Land, an dem er sich satt gesehen hat, und kugelt in den Himmel hinaus, wohin auch sonst. Im Himmel gibt es, das hofft er wenigstens, allerhand Neues zu entdecken ...

Nur schade, dass die Monde ihre Wanderung ganz allein unternehmen. So werden sie zur leichten Beute für den Nachtriesen, der ihnen auflauert. Noch ist keiner der Monde zurückgekehrt, um die anderen vor dem finsteren Gesellen zu warnen.

Denn der hält sie unerbittlich fest mit seinen Händen, groß wie Schaufeln. Und, schlimmer noch, er hat ein scharfes Steinmesser! Jede Nacht schneidet er ein Stück von dem gefangenen Mond ab, bis dieser wie eine Sichel am Himmel hängt. Schließlich bleibt nichts mehr von ihm übrig. Dann erst streut der Riese die silberglänzenden Splitter aus, streut sie als Sterne über den ganzen Himmel.

Wen wundert es, dass die Mondstückchen nach ihrem schrecklichen Erlebnis voller Angst sind? Der Riese hat ihnen wehgetan, das vergessen sie nicht so rasch. Deshalb funkeln sie auch so unruhig und zittern dauernd, wenn man genauer hinschaut.

Mit ihren dünnen Stimmchen können sie nicht einmal den neuen Wandermond auf sich aufmerksam machen. Unternehmungslustig blickt er in die Runde, weil er noch nichts von dem Riesen weiß, der sich schwarz wie die Nacht anschleicht. Bis es zu spät ist und wieder ein Opfer in den Händen des Ungeheuers zappelt …

Am hellen Tag löschen alle Sterne ihr Licht. Geschwind verstecken sie sich vor der Sonne, die dröhnend über den Himmel stampft. Ein Riese genügt ihnen! Außerdem hat sich längst herumgesprochen, dass auch die Sonne gefräßig ist. Wehe dem, der ihr zu nahe kommt!

Unter den Hufen der Sonnenpferde

Griechenland, Göttersage aus der Antike

Phaeton wusste, dass er ein Sohn des Sonnengottes war. Seine Mutter Klymene und seine Schwestern hatten es ihm erzählt, und er hatte es selbstbewusst weitererzählt. Aber das trug ihm nur Spott und Hohn ein. Sogar beschimpft wurde er dafür. Wo immer Phaeton erschien, empfing ihn das Gelächter der Erdgeborenen. „Deine Mutter ist eine von uns", johlten und pfiffen sie. „Der Sonnengott hätte Klymene verbrannt, wenn er ihr zu nahe gekommen wäre. Wahrscheinlich will sie nur von deiner dunklen Herkunft ablenken."

Diese Schandworte trieben Phaeton das Blut in das Gesicht. Er musste sich hüten, dass er nicht wild um sich schlug, und manchmal ertappte er sich auch dabei, wie er an den Versicherungen seiner Mutter zweifelte. „Viel-

leicht bin ich doch kein Kind des Sonnengottes", dachte er. „Mein Vater hätte mich bestimmt zu sich geholt in sein Reich."

„Ich möchte mich von der Wahrheit überzeugen. Deshalb werde ich den Lenker des großen Sonnenwagens aufsuchen", sagte er schließlich zu Klymene. Die Mutter ließ ihn nur sehr ungern ziehen. Mit Tränen in den Augen riet sie ihm: „Weiche nicht ab vom Weg, auch wenn er unendlich weit ist. Am Ende des Weges kommst du zu einem steilen Felsen. Dort, auf der Spitze des Felsens, erhebt sich die Sonnenburg. Vermeide es aber, in ihr Licht zu schauen, sonst wirst du blind und es gibt nur noch eine Schattenwelt für dich."

Phaeton beherzigte die Ratschläge der Mutter. Er richtete seine Schritte nach Osten, dorthin, wo der Sonnenwagen jeden Morgen seine Fahrt aufnahm. Mit der Zeit war es ihm, als würde er sich diesem Wagen langsam nähern. Manchmal spürte er sogar die goldenen Strahlen, die ihn plötzlich berührten und in der Kühle des beginnenden Tages oder nach einem Regenguss wärmten.

Trotzdem verstrichen viele Wochen, bis er in der Ferne die Sonnenburg entdeckte. Während er ungeduldig weiterschritt, konnte er die blitzenden Säulen erkennen, auf denen ihre Mauern ruhten. Phaeton dachte an die Warnungen von Klymene und schlug die Hände vor die Augen, damit er nicht geblendet wurde.

Das zweiflügelige Eingangstor war aus riesigen Edelsteinen geschliffen. Es leuchtete stärker als die prächtigste Rüstung eines Königs. Obwohl die Nacht bis an die Säulen heranreichte, gelang es ihr nicht, das Licht zu überwältigen. Wie ein Feuer, das nie ausgeht, funkelte und loderte die Burg über dem Felsen.

Vor diesem Glanz musste Phaeton den Kopf senken. Mit geschlossenen Augen tastete er sich zwischen den hohen, gleißenden Mauern vorwärts und gelangte in den Festsaal, wo ihn der Herr der Sonnenburg erwartete. Erst dort wagte er es, wieder aufzublicken. Helios saß auf einem smaragdbesetzten Thron. Er hatte sein Gefolge um sich versammelt. Im Halbkreis standen die Stunden und Tage, die Monate und Jahre, sogar die Jahrhunderte.

Auch die Jahreszeiten waren erschienen. Der Frühling trug einen Blütenkranz im Haar und der Sommer hatte sich mit Ähren geschmückt. Aus der Kelter kam der Herbst, der wie ein Winzer einen blauen Kittel trug. Er hielt noch ein paar Trauben in der Hand und der frische Saft tropfte von seinen Füßen.

Voller Lebenslust wirkten die Jahreszeiten, nur der Winter machte eine Ausnahme. Seine Augen schauten düster unter den schneeweißen Haaren hervor. Als er in den Festsaal trat, wehte ein eisiger Hauch durch den Raum. Selbst Helios fröstelte und ein Schatten glitt über sein Gesicht.

„Das hier ist kein Ort für Erdgeborene", sagte der Herrscher nach einer Weile. Dabei tönte seine Stimme, tönte wie eine Glocke durch den Festsaal und die ganze Burg. „Warum bist du diesen weiten, schweren Weg gegangen?", fragte der Sonnengott.

„Ich kenne eine Sterbliche, die dir einmal nahe stand", antwortete Phaeton zögernd. „Ihr Sohn bin ich und sie erzählt, du seiest mein Vater. Aber niemand glaubt ihr. Wenn ich den Nachbarn begegne, lästern sie und zeigen mit dem Finger auf mich. Darum stehe ich vor dir. Ich will die Wahrheit wissen."

Täuschte sich Phaeton oder war das Gesicht des Sonnengottes, während er von seiner Mutter berichtete, immer weicher geworden? Eine längst vergessene und verdrängte Erinnerung schien den Herrscher zu überwältigen. Jetzt legte er die Strahlenkrone ab, die schöner funkelte als jede irdische Krone. „Wer dich mit Spott und Schimpf verfolgt, tut dir Unrecht. Du bist wirklich mein Sohn", rief er und umarmte Phaeton. „Ich möchte dir einen Lieblingswunsch erfüllen, damit du an mich glaubst."

So eine Aufnahme durch den Sonnengott hatte sich Phaeton nicht einmal in seinen kühnsten Träumen ausgemalt. Ein Gefühl des Glückes erfasste ihn, fast schwindlig wurde er davon. Ganz langsam, als müsste er nach Worten suchen, trug er seinen Wunsch vor: „Einmal nur, einmal will ich den Sonnenwagen und die geflügelten Sonnenpferde lenken. Vertrau mir deinen kostbarsten Schatz an! Kein Erdgeborener ist vor mir durch die Himmelskuppel gefahren. Ich wage es."

Helios erschrak über diesen Wunsch, den er nicht erwartet hatte. Nein, nicht das, nicht so einen Wunsch! Immer wieder schüttelte er den Kopf. „Du verlangst zu viel", redete er auf seinen Sohn ein. „Niemand außer mir, auch nicht Zeus, der Herrscher des Himmels, kann den Sonnenwagen führen. Wie soll ein kleiner, schwacher Mensch auf der Feuer sprühenden Achse stehen und die wilden Rosse am Zügel halten? Was tust du, wenn sie ausbrechen und mit glühenden Nüstern durch die Wolken stampfen?"

Aber Phaeton hob nur die Schultern und lachte. Schließlich war er ein Sohn des Gottes. Das wollte er allen Erdgeborenen zeigen, die über ihn gelästert hatten. Deshalb stellte er sich taub, während Helios die Gefahren der Fahrt schilderte: „Steil ist der Weg. Schon am Morgen führt er hoch hinauf in die Himmelskuppel und wenn der höchste Punkt erreicht ist, hüte ich mich jedesmal, in die Tiefe zu sehen, denn dann beginnt die abschüssige Strecke. Mit Gepolter und Gedröhn rauscht der Sonnenwagen dem Abgrund entgegen. Wer dabei den Kopf verliert, büßt sein Leben ein. Er stürzt aus dem Gefährt und keiner vermag ihn zu retten. Bedenke das, mein Sohn!"

Je heftiger sich der Sonnengott in seine Warnungen hineinsteigerte, umso stärker merkte er, dass er gegen eine Wand sprach. Phaeton stand vor ihm, mit verschränkten Armen und voller Ungeduld. „Gib mir deine Zauberpferde", sagte er nur. „Du hast es versprochen. Gib sie mir." – „Und wenn dir mein Versprechen den Tod bringt?", fuhr ihn der Vater an. „Schau dich um. Mein ganzer Palast gehört dir. Verzichte dafür auf deinen Wunsch!"

Nicht einmal dieses Angebot konnte Phaeton umstimmen. „Dann ist es, wie es ist", sagte Helios schließlich entmutigt und führte den Sohn zu den Sonnenpferden. Bevor die Tiere angeschirrt wurden, musste Phaeton das Gesicht und die Augen mit einer heiligen Salbe bestreichen. Sie sollte ihn gegen die Glut der Sonnenstrahlen schützen.

Schon öffnete sich im Osten das Purpurtor. Eine sanfte Morgenröte überzog den Himmel. „Lass dir wenigstens noch ein paar Ratschläge geben", sagte Helios, als Phaeton nach den Zügeln griff. „Fahr nicht zu hoch, sonst setzt du die Sterne in Brand. Auch die Erde verbrennt, wenn du ihr zu nahe kommst. Halte dich am besten auf dem Mittelweg und folge den Radspuren."

Vor der Schranke des Morgens standen bereits die Sonnenpferde. Sie stampften, sie wieherten. Alles an ihnen drängte in den Himmel; wie ein Wüstenwind wehte ihr heißer Atem durch die gewaltige, sternenübersäte Kuppel. „Wir dürfen nicht länger zögern", sagte Helios. „Die Welt wartet auf das Licht."

Dies war das Zeichen für Phaeton. Übermütig schwang er sich auf den Sonnenwagen, packte die Zügel und jagte im Galopp zum Morgentor hinaus. Unter den Hufen der Pferde wich der Nebel. Das gleißende Licht schoss bis hoch zu den Sternen, die vor Schreck erblassten. Die letzten Reste der Dunkelheit flatterten ängstlich davon.

Phaeton spürte den Fahrtwind. Ein wildes, tobendes Brausen schlug ihm entgegen. Im Sturm flogen seine Haare, er konnte sich kaum noch aufrecht halten. Mit verzweifelter Anstrengung versuchte Klymenes Sohn, die Pferde zu führen. Doch er war ihrem Ungestüm nicht gewachsen. Wie ein Schiff, das von riesigen Wellen fortgetragen wird, schwankte der Sonnenwagen, senkte und hob sich.

Das Gespann schien die schwache Hand seines Lenkers zu spüren. Seltsam leicht kam den Pferden ihr Gefährt vor, das sonst so schwer in der Spur lag. Deshalb bäumten sie sich hoch und sprengten aus der Bahn. Entfesselt jagten sie kreuz und quer durch den Himmel, zerrten ihr unglückliches Opfer an den Sternen vorbei und in unheimliche Klüfte.

Tief unter sich sah Phaeton die Städte der Erdgeborenen. Sie leuchteten auf im Glanz des Wagens und sanken gleich danach wieder in den Schatten zurück. Phaeton spürte, wie alles um ihn kreiste. Sein Herz begann zu rasen. Ein Schwindel erfasste ihn und er musste die Augen schließen. In seiner Verwirrung gab er die Zügel aus der Hand, ließ sie hilflos fallen.

Zwischen Rauchwolken schoss das Sonnengespann der Erde entgegen. Ein Lichtstrom floss die Berge hinunter und vernichtete die frischen Saaten wie unter einer Feuerwalze. Wälder loderten auf. Zischend verdampfte das Wasser der Flüsse und der Seen. Aus der verbrannten Erde schlugen Flammen empor und der Boden zeigte Risse und Spalten.

Bis zum König der Unterwelt drang die Sonnenglut. Auf die Toten, die dort wie Schatten hausten, regnete heiße Asche. Nichts mehr hatte Bestand: Das Reich der ewigen Finsternis wurde von Bränden erhellt, während sich der Himmel verdüsterte und im Qualm zu ersticken drohte.

Auch Phaeton fiel das Atmen schwer. Die Hitze lähmte ihn und fuhr in seine Lunge wie mit einem Schwert. Unter den Hufen der Sonnenpferde sprühten die Funken. Immer noch raste der glühende Wagen auf die Erde zu. Dabei verwandelte er fruchtbare Täler in Wüsten. Von einem Augenblick zum anderen wurde die Haut vieler Menschen schwarz, und das blieb so für immer. Voller Angst vor dem Sonnengefährt verbargen sich die Fische in den Tiefen der Meere; selbst Poseidon, der Gott des Wassers, folgte seinen Untertanen in ratlosem Schrecken.

Unermüdlich schleiften die wild gewordenen Rosse ihren Lenker, der längst die Besinnung verloren hatte, durch das Himmelsrund, bis die Glut nach seinen Haaren griff. Eine Flamme – so stand er noch auf der Deichsel und stürzte dann unter die Hufe, wurde fortgeschleudert, stürzte weiter durch die heißen Wolken, stürzte unaufhaltsam wie ein Komet.

Der Sonnengott, der ohnmächtig zugesehen hatte, verhüllte das Gesicht. In seiner Trauer wandte er sich von der Erde ab. Dort ging der Tag und eine Nacht kam, in der furchtbare Feuer wüteten …

Es war in dieser Nacht, als Wassernixen den unglücklichen Phaeton entdeckten. Mitleidig wuschen sie die Asche von seinem toten Leib, bevor sie ihn bestatteten. Seine Mutter und seine Schwestern wollten lange Zeit nicht wahrhaben, dass er im Erdenbrand umgekommen war. Sie suchten ihn, bis sie schließlich auf sein Grab stießen. Da fand ihr Schmerz kein Ende.

Am heftigsten klagten die Schwestern. So schwer fiel es ihnen, sich von dem Toten zu trennen, dass ihre Füße am Boden festwuchsen. Als die Trauernden endlich aufbrechen wollten, raschelten Blätter zwischen ihren Fingern und in den Haaren. Nur noch schwach bewegten sich ihre Arme. Sie ächzten und seufzten mit dem Wind.

Die Schwestern waren zu Bäumen geworden. Groß gewachsen standen sie am Ufer und spendeten den Wassernixen kühlen Schatten. So dankten sie diesen Geschöpfen für ihren Dienst an dem Toten.

Untröstlich blieb auch der Sonnengott. Er trauert noch heute. Jedes Mal, wenn Helios mit dem goldenen Wagen aufbricht, vergießt er Tränen der Erinnerung.

Manchmal fließen diese Tränen bis zur Erde hinunter, wo sie als Tautropfen auf die Wiesen und Gärten fallen.

Wer von der Entstehung der Schöpfung erzählt, darf die Schatten nicht verschweigen. Schon am Anfang legen diese sich auf die Schöpfung. Da ist das Böse, das von den Menschen entfesselt wird, und da ist der Tod, der uns hilflos und zornig macht. Genauso schrecklich sind die Ungeheuer (nicht nur in der Welt, sondern auch in uns) und die lebensvernichtenden Katastrophen. Was braucht der Mensch, damit er widerstehen und überleben kann?

Der große Klagegesang

Wie der Böse aus dem Jarranbaum entwich

Australien, Legende der Aborigines

Baiame, der große Schöpfer, schenkte dem ersten Menschen einen Namen. „Berukburn", so rief er ihn. Dieser erste Mensch lebte in einem Paradies. Aus der Erde sprudelte reines, durchsichtiges Quellwasser und überall wuchsen Kräuter und Früchte, die Berukburn nur zu pflücken brauchte. Dabei half ihm seine Frau. Gemeinsam wanderten sie durch das grüne Land und ernährten sich von dem, was der Geist in weiser Voraussicht für sie geschaffen hatte.

Die beiden ersten Menschen freuten sich über die Schönheit ihres Paradieses. Nur der gewaltige Jarranbaum versetzte sie in Angst und Schrecken. Sie wagten es nicht einmal, unter seinen Schatten zu treten. Denn der Riese gehörte Baiame ganz allein.

„Das ist kein Ort für Menschen", schärfte der Schöpfer Berukburn und seiner Frau ein. „Ihr dürft den mächtigen Baum nicht berühren. Auch das Bienenvolk, das im Schutz der Äste lebt, ist mein Eigentum. Verschwenderisch fließt der Honig an der heiligen Stätte. Aber wehe, wenn ihr davon kostet! Dann werde ich alles Schlimme der Welt und sogar den Tod über euch verhängen ..."

Mit diesen Worten zog er eine Grenze zwischen sich und den ersten Menschen. Berukburn hütete sich, die Grenze zu überschreiten. Er achtete das Verbot, das der große Schöpfer ausgesprochen hatte. Auch seine Frau verbeugte sich ehrfürchtig, wenn sie in der Ferne den Jarranbaum entdeckte, und kehrte rasch wieder um.

Eines Tages sammelte sie Brennholz, denn im Paradies waren die Nächte sehr kalt. Das Feuer, dieses gefräßige Zauberwesen, musste ständig gefüttert werden. Nie konnte Berukburns Frau genügend Holz herbeischaffen. Deshalb war sie froh über jeden Ast, der am Boden lag. Ohne es zu merken, gelangte sie unter den heiligen Baum. Hier warteten die abgefallenen Zweige nur darauf, dass sie eingesammelt wurden.

Berukburns Frau beeilte sich und raffte alles zusammen, was sie fand. Noch während sie sich nach den Ästen bückte, ergriff sie eine merkwürdige Furcht. Über ihr wölbte sich die Krone des Baumes wie eine schwere Last, von der sie niedergedrückt wurde und die ihr den Atem nahm. Dort oben schwebte etwas, das sie nicht zu fassen vermochte. Aber es war da und es ängstigte ihr Herz.

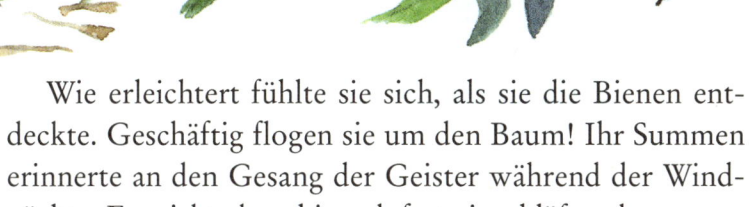

Wie erleichtert fühlte sie sich, als sie die Bienen entdeckte. Geschäftig flogen sie um den Baum! Ihr Summen erinnerte an den Gesang der Geister während der Windnächte. Es wirkte beruhigend, fast einschläfernd.

Jetzt sah Berukburns Frau auch die Honigtropfen auf der Rinde des Jarranbaumes. Diese Tropfen glitzerten in der Sonne und sandten einen süßen, betäubenden Wohlgeruch aus. Da konnte die erste Menschenfrau der Verlockung nicht mehr widerstehen. Sie musste von dem Honig kosten! Voller Ungeduld, voller Sehnsucht ließ sie

die Zweige fallen, umschlang stattdessen den heiligen Baum.

Im gleichen Augenblick fuhr ein Windstoß durch das Geäst und ein Stöhnen tief im Holz antwortete ihm. Wie ein Nebel, wie ein Rauch stieg es aus dem Baum, stieg unaufhaltsam in die Höhe. Ein Schatten legte sich über den Himmel.

Das war Narahdarn, der böse Geist, den Baiame als Wächter in seinem Heiligtum zurückgelassen hatte. Für immer schien er an den Jarranbaum gefesselt, bis die Menschenfrau kam und den Bann löste. Jetzt flog der Furchtbare mit schwarzen Schwingen von einem Ende der Welt zum anderen. In seinem Gefolge aber warf sich der Tod auf die Lebenden ...

Berukburns Frau taumelte. Sie floh vor dem bösen Geist, verkroch sich in der dunkelsten Ecke ihrer Hütte. Dort flehte sie zu Baiame: „Nimm den Furchtbaren, nimm ihn wieder von uns." Doch ihre Bitten verhallten ungehört. Sterblich waren nun die Geschöpfe und sterblich blieben sie.

Am meisten weinte der Jarranbaum über die Zerstörung des Paradieses. Auch seine Nachkommen denken mit Wehmut an die Zeit, als die Erde noch nicht von Narahdarn heimgesucht wurde. Vor Kummer fließen dann ihre Tränen und werden zu dem roten Gummi, der an der Rinde des Jarranbaumes herunterrinnt.

Herr Chamäleon und Herr Eidechse
Afrika, Legende der Xosa

Als die Schöpfung noch neu war, hielten die Häuptlinge der Erde einmal im Jahr eine Ratsversammlung ab. Dabei ging es sehr lebhaft zu. Die vornehmen Herren scheuten auch nicht den Streit. Eines Tages kamen sie wieder einmal zusammen. „Es gibt zu wenig Platz auf der Erde", klagten sie. „Wenn das so weitergeht, erdrücken wir uns gegenseitig."

Damals, bald nach der Schöpfung, hatte der Tod noch keine Gewalt über die Menschen. Wer das Licht der Welt erblickte, blieb verschont von Krankheit und Alter. Seine Augen wurden nicht trüb, seine Haut welkte nicht. Dafür aber musste er die drangvolle Enge aushalten und ständig das winzige Stück Land verteidigen, auf dem er lebte.

So konnte es nicht weitergehen! Die großen Herren starrten nachdenklich in die Runde, bis einer von ihnen seine Stimme erhob. „Wartet nur, eines Tages wird uns sogar die Luft zu knapp", warnte er. „Warum bitten wir nicht den Tod zu uns, damit er Ernte hält unter den Menschen und neuen Raum schafft?"

Kaum hatte er zu Ende gesprochen, da regte sich heftiger Unmut in der Versammlung. „Bedenke, was du forderst", riefen einige Herren aufgebracht. „Sobald wir sterblich sind, ist die Trauer unsere ständige Begleiterin. Bei jedem Abschied von einem geliebten Menschen werden wir dann an unseren eigenen Tod erinnert."

Erbittert prallten die Meinungen aufeinander. Es fehlte nicht viel und die Mächtigen der Erde wären sich in die Haare geraten. Bevor sie jedoch ihren Streit handgreiflich austrugen, sagte einer der Herren, der weiser war als alle anderen: „Lasst uns Boten zur Residenz des Schöpfers senden. Der Geist in der Höhe soll bestimmen, was richtig ist für uns."

Dieser Vorschlag gefiel den Mitgliedern des Rates. Unverzüglich wählten sie zwei Gesandte aus. Der eine nannte sich Herr Chamäleon, der andere Herr Eidechse. „Die Großen der Erde wollen, dass die Menschen unsterblich bleiben" – so lautete die Botschaft, die dem Chamäleon mitgegeben wurde. Herr Eidechse aber erhielt den Auftrag, genau das Gegenteil zu verkünden.

Auf diese Weise musste der Schöpfer, auch wenn es ihm schwer fiel, eine Entscheidung treffen.

„Nein, das kann nicht gut gehen. Herr Eidechse läuft doch viel schneller als das Chamäleon", meldete sich plötzlich einer der Häuptlinge zu Wort. „Und wenn schon! Es gibt für alles eine Lösung", entgegneten andere Mitglieder des Rates. „Was haltet ihr davon, wenn wir das Chamäleon vorausgehen lassen? Herr Eidechse folgt ihm dann mit weitem Abstand."

So geschah es auch. Das Chamäleon brach als Erstes auf. Im sicheren Gefühl seines Vorsprunges ließ sich der Gesandte von jeder Fliege und von jedem Käfer ablenken. Immer wieder fuhr ihm die klebrige Zunge aus dem Maul. Dann rollte er sie mit dem erbeuteten Tier wieder ein, während seine Augen zufrieden blinzelten. Allmählich wurde Herr Chamäleon satt, richtig satt, und eine bleierne Müdigkeit überfiel ihn.

Er schreckte erst wieder hoch, als Herr Eidechse an ihm vorüberrannte. Da blies er sich auf vor Ärger und begann zu watscheln, aber den flinken, unermüdlichen Läufer konnte er nicht mehr einholen. Kaum war Herr Eidechse in der Residenz des Schöpfers angekommen, schrie er keuchend und mit schriller Stimme: „O mächtiger Geist, schicke uns den Tod! Die Großen der Erde wollen es so …"

Vergeblich trug das Chamäleon, das kurz danach eintraf, seine Botschaft vor. Gebieterisch tönte es durch den Palast: „Die Eidechse war zuerst bei mir. Von jetzt an werde ich alle Menschen dem Tod unterwerfen."

Wenn der Schöpfer spricht, sind die Geschöpfe machtlos. Das Wort des Höchsten gilt. Weil es so ist, kam der Tod zu den Menschen. Seither hassen sie das Chamäleon und vergiften es mit Tabaksaft.

Noch schlimmer ergeht es den Eidechsen. Sobald ein Buschmann eines der Tiere fängt, verschlingt er es, voller Widerwillen zwar und mit geschlossenen Augen. Aber er schluckt es hinunter und gibt dabei Acht, dass nichts übrig bleibt von dem Todesbringer.

Fidi-mukullu hat es so gewollt

Afrika, Legende der Luba

Fidi-mukullu hatte die Erde erschaffen und mit ihr die Menschen und die Tiere. Er war ein großer Herr, dessen Macht von einem Ende der Welt zum anderen reichte und dem nichts entging, was um ihn herum geschah. Aber nur selten beeinflusste er den Gang der Dinge und sprach ein Wort, das wie ein mächtiger Zauber wirkte.

Fidi-mukullu ließ die Menschen alt werden. Erst wenn sie keine Kraft mehr hatten, schloss er ihre Augen. Dann hörte ihr Herz auf zu schlagen und es blieb eine Erinnerung an ihr Leben, die mit jedem Tag blasser wurde. Schließlich verschwand sie ganz.

Neben den alten holte der Tod auch junge Menschen. Er lauerte im blitzschnellen Biss einer Giftschlange und im Trompetenton der Elefantenherde. Wer sich auf den Fluss hinauswagte, wurde plötzlich von einem Krokodil in die Tiefe gezogen, und wer etwas Giftiges aß, wand sich in Krämpfen, bis er mit furchtbaren Schmerzen verschied.

Am schlimmsten wütete der Tod jedoch in Kriegszeiten. Plünderer drangen dann in die Dörfer ein. Sie töteten die Männer, die sich ihnen entgegenstellten. Alte und Kranke wurden feige ermordet, Kinder und Frauen verschleppt.

Grausam war das Leben, noch grausamer war der Tod. So grausam, dass die Menschen nicht einmal die Kraft hatten, sich dagegen aufzulehnen. Mit brennenden Augen starrten sie zum Himmel empor, wo Fidi-mukullu wohnte. „Er will es so", sagten sie. „Fidi-mukullu will es so."

Das sagten sie immer, wenn sie sich nicht mehr zu helfen wussten. Der alte Mann, der in einem Dorf weit im Osten lebte, hatte diesen Satz schon so oft gehört. Jedes Mal war etwas in ihm zersprungen wie eine Saite, die einen hellen, scharfen Ton von sich gibt und danach keinen mehr.

An jenem Tag, als seine Frau starb, wich der Medizinmann den Blicken des Alten aus. Dabei murmelte er: „Fidi-mukullu wollte es so." Wirkungslos waren alle Zaubermittel gewesen, vergeblich alle Bitten und Beschwörungen.

Der alte Mann sah, wie der Tod in seine Hütte trat. Schweigend machte er ihm Platz, verließ den armseligen Raum, den er so lange mit seiner Frau geteilt hatte.

Eine Arbeit wartete auf ihn und diese Arbeit duldete keinen Aufschub. Er baute eine Trommel aus Holz. Keine andere war mit ihr vergleichbar, so groß machte er sie.

Dann trug er die Trommel in den Busch. Dort gab es einen hohlen Baum. Wie ein Riese ragte er zum Himmel empor. Seine Äste, die der Sturm gepeitscht und der Blitz verbrannt hatte, reichten bis in die luftige Wohnung von Fidi-mukullu.

Der alte Mann stellte seine Trommel in die Baumhöhle. Mit den Händen klopfte er einen wilden, zornigen Takt, der den Himmel erzittern ließ. Die ganze Nacht schlug er auf die Trommel und sang dazu das immer gleiche Lied:

„O Fidi-mukullu,
du bist der Herr des Lichtes
und der Herr der Dunkelheit.
Gut ist deine Schöpfung.
Alles kommt von dir.
Du schickst den Blitz,
der die Bäume spaltet,
und den Regen,
der noch stärker fließt
als unsere Tränen.
Hier stehe ich
und klage dich an:
Warum, o Fidi-mukullu,
hast du für uns
den Tod erdacht?
Mein Herz zerspringt
vor Trauer
in dieser Nacht."

Unermüdlich entlockte der alte Mann seiner Trommel den Takt des Todes. Ein schwermütiges Stampfen rollte durch den Busch. Wie unter den Schritten eines Elefantenbullen dröhnte der Boden. „Warum, o Fidi-mukullu?", schrie der Alte. „Warum nur?"

Seine Klage stieg auf zum Himmel. Bis zum Schöpfer drang sie vor. Erstaunt lauschte Fidi-mukullu. Die zittrige, dünne Stimme brach in seine Ruhe ein. Sie störte ihn wie eine lästig surrende Fliege den Schlafenden. „Was will der Mensch?", fragte Fidi-mukullu.

Noch hoffte er, dass die Stimme plötzlich verstummen würde. Mit der Geduld des Schöpfers wartete er darauf, aber er wartete vergeblich. Der alte Mann sang das Lied, sang es Nacht für Nacht, Jahr für Jahr. Da endlich schickte Fidi-mukullu seine Boten aus. „Fragt den Mann", befahl er. „Nennt mir den Grund seiner Beschwerde."

Die Boten taten, was ihnen der Schöpfer aufgetragen hatte. Sie stiegen hinunter zur Erde und suchten die Ufer der großen Flüsse nach dem Sänger ab, dessen Lied Fidi-mukullu herausforderte. In jedem Dorf waren sie zu Gast, bei jedem Häuptling kehrten sie ein. Doch sie hatten keinen Erfolg.

„Niemand weiß, wer zu dir ruft", berichteten die Boten, als sie wieder vor Fidi-mukullu erschienen. Das ärgerte den Schöpfer. Grollend saß er in seiner himmlischen Wohnung. Jetzt musste er die rote Ameise aussenden, seine treueste Helferin. Ihr Spürsinn hatte ihn noch nie im Stich gelassen.

Lufumbe suchte sich einen Pfad durch den Wald und durch den Busch. Dabei hörte sie auf ihre Beine, denn diese zitterten mit, wenn der Boden von den Trommelschlägen bebte. Langsam kam Lufumbe vorwärts, verweilte hier, verweilte dort, fraß sich dem Ziel entgegen, fraß alles, was sie fand. Nur nicht den hohlen Baum …

Verwittert stand der Riese vor ihr. Blitze hatten sich schwarz eingebrannt in sein Holz, wie Totenfinger sahen die Äste aus. „Fidi-mukullu will dich sehen", sagte Lufumbe zu dem alten Mann. Sie sagte es so, dass er keinen Widerspruch wagte.

Gehorsam folgte er der roten Ameise und kletterte den Baum hinauf, stieg ohne Furcht durch ein Fenster in den Himmel ein. Dann stand er vor Fidi-mukullu. „Meine Ruhe hast du gestört", fuhr ihn der große Herr an. „Erklär mir doch: Warum lobst du die Schöpfung und klagst mich trotzdem an? Bin ich nicht Gott?"

„Ja, du bist Gott", nickte der alte Mann und schaute zu dem Mächtigen auf, als wäre dies nicht alles. „Wenn ich Gott bin, kann ich tun, was ich will", sagte Fidi-mukullu. „Ich muss dir keine Rechenschaft geben." – „Nein, das musst du nicht", antwortete der Alte und wieder sah er den Schöpfer an, als warte er auf etwas. Da wurde Fidi-mukullu ungeduldig. Seine Stimme klang eine Spur schärfer, klang fordernd, während er fragte: „Weshalb klagst du mich unentwegt an? Nacht für Nacht höre ich dein Lied und deine Trommel dröhnt in meinen Ohren. Weshalb, alter Mann, weshalb?"

„Weil ich ein Mensch bin", erwiderte dieser. „Keine Rechenschaft bist du mir schuldig. Aber du kannst mir auch nicht verwehren, dass ich an den Tod denke. Jedes Mal, wenn ich abends das leere Lager meiner Frau sehe, überfällt mich die Trauer. Diese Trauer gehört zu mir wie die Unsterblichkeit zu dir, Fidi-mukullu."

„Ja, das ist wahr", gab ihm der Schöpfer Recht. Längst war aller Ärger aus seinem Gesicht gewichen. Er schwieg eine Weile, dann sagte er leise: „Es ist wahr. Ich schenke den Menschen das Leben und ich nehme es ihnen wieder weg. Ich bin Gott, der Herr. Du aber, alter Mann, darfst von deinem Kummer singen, denn du bist ein Sterblicher."

„Noch hast du die Frage meines Liedes nicht beantwortet", schöpfte der Alte neuen Mut. „Sag mir doch: Warum müssen wir sterben?" – „Was fangt ihr an mit eurem Leben?", wich ihm Fidi-mukullu aus. „Ihr esst und trinkt und schlaft. Was tut ihr noch?"

„Wir lieben uns und wir streiten miteinander", antwortete der Alte. „Wir sehen, wie unsere Kinder größer werden. Auf unseren Festen tanzen und singen wir. Unter den Menschen gibt es Geschichtenerzähler und

Medizinmänner, Fährtenleser und tapfere Jäger, Holz-
schnitzer und Waffenschmiede. Jeder lebt sein eigenes
Leben."

„Und jeder stirbt seinen eigenen Tod", unterbrach ihn
Fidi-mukullu. „Was wäre euer Leben, wenn es nur einen
Anfang hätte und kein Ende? Darum singe weiter, so
lange deine Trauer in dir singen will."

Wie er gekommen war, so ging der alte Mann: furchtlos und ungetröstet. Er kehrte zurück zu seiner Trommel. Jeden Abend sah er das Lager seiner Frau. Dann
krallte sich die Trauer in sein Herz und er musste singen.
Mit brüchiger Stimme wandte er sich an den Schöpfer,
der ihn hörte und doch nicht hörte:

> „Warum, o Fidi-mukullu,
> hast du für uns
> den Tod erdacht?
> Mein Herz zerspringt
> vor Trauer
> in dieser Nacht."

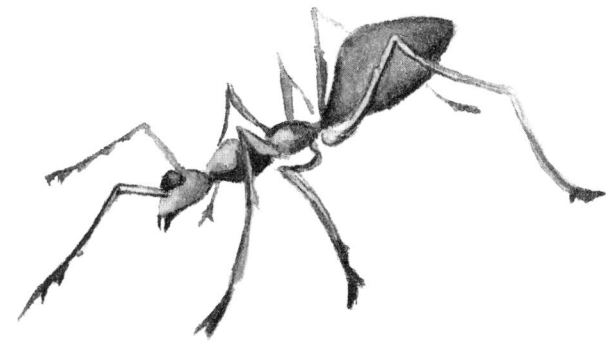

Das Ungeheuer Kolomodumo

Afrika, Legende der Basuto

Vor vielen Jahrtausenden, in uralter Zeit, suchte ein Ungeheuer die Schöpfung heim. Sein Rachen war so groß, dass es mit einem Schluck einen ganzen See austrinken und mit dem nächsten Schluck eine Rinderherde hinunterschlingen konnte. Das gefräßige Scheusal hatte einen Schuppenleib wie ein Krokodil und sein Schwanz reichte bis an das Ende der Welt.

Manchmal schlug dieser Schwanz auf den Boden. Dann brach die Erdkruste donnernd ein. Gewaltige Klüfte öffneten sich, in denen Brände wüteten. Von den Staubwolken, die zum Himmel aufstiegen, wurde es finster am hellichten Tag.

Das Ungeheuer hieß Kolomodumo. Es kroch hierhin und es kroch dorthin. Seine lange, klebrige Zunge sammelte alles ein, was lebte. Die Tiere, wilde und zahme, wanderten in den riesigen, dunklen Schlund. Nicht einmal vor den Dörfern der Menschen machte das gierige Scheusal Halt.

Wenn Kolomodumo von einem Pfeil oder einer Speerspitze getroffen wurde, schüttelte er sich unwillig und schnappte weiter nach seinen Opfern, die in ihrer Verzweiflung nicht wussten, wohin sie sich wenden sollten. Bald hausten nur noch Schlangen in den verwüsteten Dörfern und Schakale streiften klagend über die einsamen Weiden.

Kolomodumo gab sich erst zufrieden, als er seinen Bauch bis zum Hals voll gestopft hatte. Lediglich eine Frau entkam dem Ungeheuer. Sie hatte sich tief im Wald versteckt und Kolomodumo ließ nur deshalb von der

Verfolgung ab, weil ihn nach dem großen Fressen eine noch größere Müdigkeit überfiel.

Sein Atem ging rasselnd und seine kurzen Beine vermochten den aufgequollenen Leib kaum mehr zu tragen. Immer wieder knickten sie ein. Da legte sich Kolomodumo erschöpft nieder. Er gähnte ein letztes Mal, bevor er die winzigen, fettgepolsterten Augen schloss. Selbst dieses Gähnen entfachte noch einen Sturm, der Bäume ausriss.

Der Frau im tiefen Wald kam der Schlaf des Untieres gerade recht. Denn sie trug ein Wunderkind unter dem Herzen. Unbehelligt von Kolomodumo gebar sie einen Knaben. Als sie ihn betastete und in das Licht hielt, fing er plötzlich an zu sprechen. Er hatte schon alle Zähne und seine Mutter konnte jeden Tag zuschauen, wie er wuchs. Es dauerte nicht lange, dann hob er sie hoch, als sei sie eine Feder. So stark war er inzwischen geworden.

Das Wunderkind beherrschte viele Künste und verstand es sogar, Waffen aus Eisen zu schmieden. Wenn der Knabe durch den Wald wanderte, führte er scharf geschliffene Speere mit sich. Sein größter Stolz aber war ein zweischneidiges Messer, dessen Klingen in der Sonne blitzten. Damit besiegte er alle Tiere der Wildnis.

Furchtlos erkundete er das weite Land. Nicht einmal die zerstörten Wohnungen der Menschen jagten ihm einen Schrecken ein. „Wer hat dort gelebt?", fragte er seine Mutter, als er wieder heimkehrte. Da erzählte sie ihrem Sohn von Kolomodumo und warnte ihn unter Tränen. „Hüte dich vor dem Scheusal", stammelte sie. „Es wird dich verschlingen, so wie es sämtliche Leute in meinem Heimatdorf verschlungen hat."

Doch der Knabe hörte schon nicht mehr, was sie sag-

te. Die Aussicht auf einen großen Kampf lockte ihn. Eilends suchte er seine Speere zusammen und bewaffnete sich mit dem gefährlichen, todbringenden Messer. Vergeblich flehte die Mutter und warf sich vor ihm nieder. Keine Macht der Welt hätte ihn zurückhalten können. Er wanderte fort, ohne sich noch einmal umzudrehen.

Der Knabe musste nicht lange Ausschau halten nach Kolomodumo. Denn plötzlich versperrte ihm etwas Dickes, Schwarzes den Weg. Wie der Körper einer gewaltigen Schlange lag es da und rührte sich nur ganz schwach, fast unmerklich. Blitzschnell packte der Knabe sein Messer, schwang es durch die Luft. Mit einem Streich hieb er Kolomodumos Zunge entzwei. Sie zuckte noch eine Weile, bevor sie endgültig erstarrte. Jetzt konnte sie ihm nicht mehr gefährlich werden.

Als der Knabe weiterging, entdeckte er das Untier. Ein riesiges Gebirge mit einem Zackenkamm – so hob sich Kolomodumo gegen den Himmel ab. Der Zungenschmerz wühlte in ihm, brannte wie Feuer. Mit einem Schlag war er wach geworden und entdeckte den Knaben.

Zornig fauchte er, schnappte nach dem Feind. Dabei rächte sich, dass er die Welt leer gegessen hatte, denn sein aufgetriebener Körper behinderte ihn. Schwerfällig wälzte sich Kolomodumo herum, versuchte den Knaben zu packen. Der tanzte im Kreis, tanzte wie ein Wirbelwind. Immer wieder sprang er vor und stach in die Augen des Ungeheuers, das vor Wut brüllte.

Kolomodumo begann zu zittern. Heißer Dampf schoss aus seinen Nüstern empor und sein Schwanz stieg hoch in die Luft, als würde er gleich die Sonne zerschmettern. Doch den flinken Helden schien dies nicht zu kümmern. Unter seinen Stichen schlossen sich die Augen, ganz zuletzt schloss sich auch der Rachen des Scheusals. Endgültig besiegt war es nun. Mit einem Seufzer, der wie ein Schnarchen klang, verließ das Leben den Körper von Kolomodumo.

Der Knabe wollte sichergehen, dass das Untier wirklich tot war. Deshalb setzte er sein Messer an und schnitt in Kolomodumos Bauch. Als er kräftig hineinstieß, hörte er einen Hund, der bei der Berührung mit der Klinge aufheulte. Daraufhin versuchte er es an einer anderen Stelle, und dieses Mal schrie ein Mensch: „Gib Acht, sonst verletzt du mich!"

Der Knabe ging jetzt vorsichtiger zu Werk. Während er die Bauchdecke von Kolomodumo aufschlug, drängte eine Viehherde nach der anderen ins Freie. Männer, Frauen und Kinder rieben sich die Augen, weil sie schon so lange kein Licht mehr gesehen hatten. Ungläubig starrten sie ihren Retter an: Ein Knabe war er noch und seine Haut leuchtete, als hätte er sie mit roter Erde eingerieben. Das kam von Kolomodumos Blut ...

Bald nach der Befreiung hielten die Menschen eine Ratsversammlung ab, denn sie wollten dem Knaben danken. Einige schlugen ihn sogar als König vor. „Er kann uns vor jedem Schrecken bewahren", sagten sie und dabei klang ihre Stimme ein wenig furchtsam. Immer wenn sie an das Wunderkind dachten, sahen sie es vor sich: messerschwingend und bespritzt mit Blut.

„Bestimmt ist der Knabe ein mächtiger Zauberer", flüsterte ein Mann im Rat. Leise, ganz leise hatte er seinen Verdacht geäußert und trotzdem hatte jeder zugehört und ängstlich genickt. Ein Gemurmel erhob sich, das immer lauter wurde. Schließlich riefen alle durcheinander: „Wir dulden keinen Hexenmeister bei uns! Wer weiß, welche finsteren Pläne er hegt? Vielleicht verwandelt er uns eines Tages in Vögel, die klagend zum Himmel auffliegen. Oder er berührt uns heimlich, damit wir zu Steinen werden ..."

So redeten sie und ihre Furcht wurde riesengroß. So groß, dass sie den Knaben in einen Hinterhalt lockten; dort erschlugen sie ihn. Sterbend wandte er sich von der Erde ab und ging zu den Göttern. Die mächtigen Geister im Himmel aber nahmen den Bezwinger von Kolomodumo auf, als hätte er schon immer zu ihnen gehört.

Erbarmen, Prinzessin Weiße Wolke, Erbarmen!

China, Legende der Mandschuren

Die Menschen in meiner Heimat lieben die weißhäutige Birke mehr als alle anderen Bäume. Warum das so ist – davon berichtet eine Geschichte. Schon mein Urgroßvater hat diese Geschichte gekannt. Er gab sie weiter an meinen Großvater und der an meinen Vater, von dem ich sie erfuhr. Wenn ihr wollt, erzähle ich sie euch. Ihr müsst mich aber bis an den Anfang der Welt begleiten. Damals hatte sich die Erde gerade erst vom Himmel getrennt, und das Wasser gehörte noch zum Himmel, der wie eine Zwiebel aus mehreren Schichten zusammengesetzt war – aus neun, um es genau zu sagen.

Eine Weile verstrich und wieder eine Weile, dann zeigte sich Leben auf der Erde. Wilde Tiere streiften durch die Wälder, Vögel ließen sich vom Wind tragen und ganz zuletzt erschienen auch die Menschen. Das sah Abukaenduli, der Geist des Himmels. Er sah es mit wachsendem Zorn. Denn diese Wesen – was taten sie dort unten? Weshalb lebten sie ausgerechnet auf der Erde, wo er sie doch viel lieber im Himmel um sich geschart hätte?

Der Anblick der seltsamen Geschöpfe brachte Abukaenduli ganz aus der Fassung. Er ließ den Donnergott kommen und befahl ihm, gewaltige Steine durch den Himmel zu rollen. Auch die anderen Götter schickte er los. Fauchend stieg der Sturmgott auf die Erde hinunter und der Hagelgott folgte ihm mit wehendem Eismantel. Ein Schauer jagte den anderen, unablässig zuckten die Blitze. Aber das war erst der Beginn der Schrecken, denn jetzt bohrte der Drachengott ein Loch in den Himmel. Das riesige Meer, das er bis dahin bewacht hatte, floss durch das Loch. Es strömte und strömte in die Tiefe, bis die Erde vollständig unter Wasser stand – 3336 Tage und Nächte lang.

Abukaenduli hatte drei Töchter. Shun war die Sonne und Biya die Mondin. Sobald eine der beiden Prinzessinnen am Himmel erschien, verlor die Finsternis ihre Kraft und wich voller Ehrfurcht zurück. Die jüngste Tochter wurde nach der Rangordnung am Hofe nur Dritte Prinzessin genannt. In Wirklichkeit aber hieß sie Prinzessin Weiße Wolke, weil sie die kleinen und großen Wolken hütete. Außerdem hatte sie in ihr Gewand 99 Schneeflocken-Wolken eingenäht. Wenn sie durch den Himmel schritt, sahen die Götter bewundernd hinter ihr her. Prinzessin Weiße Wolke war die Lieblingstochter von Abukaenduli. Er bat sie, immer in seiner Nähe zu bleiben, denn das Lächeln der Prinzessin stimmte ihn fröhlich. Glitt aber ein Schatten über ihr Gesicht, dann verdunkelten sich auch seine Augen. So groß war das Vertrauen des höchsten Geistes zu seiner Tochter, dass er sogar die glänzenden Himmelspaläste in ihre Obhut gab.

Eines Tages hörte Prinzessin Weiße Wolke die jämmerlichen Rufe einer Elster. Diese Rufe wollten nicht mehr verstummen. Ängstlich klangen sie und verzagt, wie von einem Geschöpf, das keinen Ausweg mehr wusste. Die Prinzessin hatte ein mitfühlendes Herz. Bei jeder Klage der Elster schlug es heftiger und drängte sie, den Palast zu verlassen. Schließlich fing sie ein paar Wolken ein, die an ihr vorüberzogen. Aus den Wolken formte sie ein Boot, mit dem sie in den blauen Himmel hinausruderte. Als sich die Prinzessin hinunterbeugte, erschrak sie und begann zu zittern. Denn wo die Erde gewesen war, erstreckte sich jetzt eine unendliche Wasserfläche, auf der weiße Schaumkronen dahintrieben.

Die Elster, die so kläglich geschrieen hatte, flatterte über den Wellen und schlug hilflos mit ihren nassen Flügeln. Immer wieder flehte sie: „Erbarmen, Prinzessin Weiße Wolke, Erbarmen!" Ihre Kraft begann zu schwinden. Schon sank sie tiefer und drohte zu stürzen. Da rief die Prinzessin hastig: „Komm in mein Boot, komm zu mir!" Im letzten Augenblick drehte die Elster vom Wasser ab, das ihr fast den Tod bereitet hätte. „Ich danke dir für deine Güte, Tochter des Abukaenduli", flüsterte sie, als sie endlich das Wolkenboot erreicht hatte und unter den Mantel der Prinzessin schlüpfte. „Dein Vater gönnt uns keine Freude und kein Glück. Er will alles Leben auf der Erde vernichten. Darum hat er uns das große Wasser geschickt. Seit vielen Tagen suche ich nach einem Ruheplatz; aber ich kann ihn nirgends finden und nirgends finde ich Nahrung für mich."

Kopfschüttelnd strich Prinzessin Weiße Wolke über den Kopf der Elster. Ihr Vater, den sie so verehrte, erschien ihr plötzlich in einem anderen Licht. Weshalb ließ er keine Barmherzigkeit walten? Warum rief er das Wasser des Himmels nicht zurück? Dabei wäre es für ihn so einfach, die Fluten des Drachenmeeres zu bändigen ... Stattdessen saß er hoch droben in seinem Palast und schaute ungerührt zu, wie die Geschöpfe der Erde ihr Leben verloren! Voller Empörung raffte die Prinzessin ein paar Zweige zusammen, die der Sturm in das Boot getragen hatte. „Bau dir damit ein Nest", sagte sie zu der Elster und warf die Zweige auf die Erde hinunter.

Sobald sie das Wasser berührten, verwandelten sie sich und wurden zu großen, starken Bäumen. Aus dem

Holz der Bäume fertigten die Menschen Boote, mit denen sie ihr Hab und Gut in Sicherheit brachten. Die Vögel aber ließen sich in den Kronen der Bäume nieder. Sie benutzten die Zweige, um Nester zu flechten, und wenn sie hungrig waren, suchten sie die Blätter nach Insekten ab. Nachdenklich kehrte die Prinzessin in den Himmelspalast zurück. Sie hatte getan, was in ihrer Macht stand. Trotzdem blieb ein Stachel in ihrem Herzen, eine Unruhe, die sie nur mühsam vor den strengen Blicken von Abukaenduli verbarg.

Nachts träumte sie davon, dass das Wasser immer höher stieg und selbst die riesigen Bäume keinen Schutz mehr boten. „Ich muss etwas unternehmen", dachte sie unruhig, wenn sie aus dem Traum erwachte. Verzweifelt suchte sie nach einem Ausweg, suchte nach einer Lösung. Schließlich fiel ihr die große Schatzkammer von Abukaenduli ein. Diese Kammer barg so viele Kostbarkeiten und so viele Geheimnisse, dass sie dort bestimmt ein Mittel gegen die ständig steigende Flut finden würde … Doch der Zutritt zur Schatzkammer war allen Göttern, auch der Lieblingstochter von Abukaenduli, bei strengster Strafe untersagt.

Außerdem trug der Himmelsherr den Schlüssel an einer Kette, die um seinen Hals hing. Er legte sie niemals ab, nicht einmal, wenn er schlief. Prinzessin Weiße Wolke wartete deshalb, bis sich Abukaenduli, wie es seine Gewohnheit war, nach dem Mittagessen zurückzog.

Gewaltig rollte das Schnarchen des höchsten Geistes durch die himmlischen Räume. So stark dröhnte es, dass sich bereits einige Götter in Rauch aufgelöst hatten, als sie versehentlich Abukaendulis Schlafgemach zu nahe gekommen waren. Darum steckte Prinzessin Weiße Wolke zwei Kugeln in ihre Ohren, bevor sie auf Zehenspitzen zum Lager des Vaters schlich und den Schlüssel entwendete.

Nie zuvor hatte die Prinzessin die Schatzkammer betreten. Vorsichtig steckte sie den Schlüssel in das schmiedeeiserne Schloss und öffnete die Tür, so leise es ging. Trotzdem ertönte ein knirschendes, ächzendes Geräusch, das wie ein ferner Donner durch den Himmel hallte. Dann stand sie in einer Halle mit riesigen Wandschränken. Bis zur Decke reichten diese Schränke und jeder enthielt Hunderte von Schatzkästen. Insgesamt waren es mehr als 3300 Behälter, in denen der Himmelskönig alle Geheimnisse, alle kostbaren Güter der Welt abgelegt hatte. Ratlos betrachtete Prinzessin Weiße Wolke die Schränke, zog hier, zog dort einen Behälter heraus. Wenn ihr Vater ausgerechnet jetzt erwachte, war sie verloren …

Schließlich fielen ihr zwei Kästen auf, die beide Erde enthielten und sonst nichts. Hastig klemmte sie die Kästen unter die Arme und bestieg ihr Wolkenboot. Als die Prinzessin den Inhalt des ersten Schatzbehälters in die Tiefe schüttete, antwortete ihr ein Poltern wie bei einem großen Beben. Voller Schreck leerte sie auch noch den zweiten Kasten aus. Da verstärkte sich das Poltern, selbst der Himmel zitterte mit. Das Antlitz der Erde aber veränderte sich. Sumpfland stieg aus den Fluten empor; es bildeten sich weite Ebenen und mächtige Gebirge, die das Wasser zurückdrängten, bis es nur noch in Schluchten und Tälern floß. Im zweiten Schatzkästlein war – vermischt mit der Erde und versteckt in ihr – Gold gewesen. Dieses Gold fiel auf das Xing'an-Gebirge, wo es heute noch zutage tritt: im feinen Goldstaub der Flüsse und manchmal sogar in glänzenden Adern, die das Gestein durchziehen, oder in Goldklumpen, so groß wie eine Menschenfaust.

Bebend vor Wut hatten die Wettergötter zugesehen, wie sich Prinzessin Weiße Wolke in ihr Vernichtungswerk einmischte und das Schlimme zum Guten wendete. Jetzt weckten sie Abukaenduli aus dem Schlaf und klagten die Dritte Prinzessin an. „Sie hat sich deinem Befehl widersetzt. Dafür musst du sie bestrafen", schrien sie ohne Unterlass. Wie ein Orkan brauste ihr Zorngeheul durch die weiten Gewölbe des Himmels. Als Prinzessin Weiße Wolke dieses Geheul hörte, erfasste sie eine große Angst. Eilends ruderte sie über das Wolkenmeer und suchte Zuflucht bei ihrer ältesten Schwester. Doch die Sonne wies sie höhnisch ab und drohte ihr sogar mit dem gewaltigen Feuer, in dem alles zu Asche verbrannte. Auch bei der Mondin hatte Prinzessin Weiße Wolke kein Glück. Zwar empfand diese Mitleid mit der Unglücklichen, aber noch größer, viel größer, war ihre Angst vor der Rache des Vaters.

Verzweifelt stieg Prinzessin Weiße Wolke auf die Erde hinunter. Dort blühten gerade die Glockenblumen. Blau standen ihre Kelche in den grünen Wiesen. Rasch pflückte die Prinzessin einen dieser Kelche und stülpte ihn über den Kopf. So verbarg sie sich vor den Spähern von Abukaenduli, die achtlos an ihr vorbeigingen. Als sie unverrichteter Dinge in den Himmel zurückkehrten, wuchs der Zorn des höchsten Geistes. Er ließ den Schneegott kommen und befahl ihm, ohne Unterlass zu schneien. Alle Blumen auf der

Erde, alle Pflanzen sollten unter der weißen Last erfrieren. Aus schweren Wolken fielen die Flocken, sie fielen Tag und Nacht. Selbst die Bäume wurden zugeweht, und ganz zuletzt verschwanden sogar die Berge im Schnee.

„Das ist zu viel für die Prinzessin", sagte Abukaenduli, der seine Tochter vermisste. „Bestimmt gibt sie jetzt auf und kehrt zurück zu mir." Jedoch die Prinzessin dachte nicht daran, ihren Vater um Verzeihung zu bitten. „Ich verteidige das Recht der Erde und aller Geschöpfe, die auf ihr leben", flüsterte sie, während der Schnee immer dichter niederging. Umsonst rief der Himmelsherr: „Wo bist du, mein Kind?" Umsonst drohte er: „Wenn du nicht kommst, werde ich den Winter jedes Jahr auf die Erde schicken. Dann erscheint er mit Frost und Eis und bringt alles Leben zum Schweigen."

Als die Prinzessin das hörte, blieb sie erst recht, wo sie war. Standhaft wehrte sie sich gegen die Kälte, die in ihr aufstieg. Tiefer, immer tiefer kroch sie in den Wolkenmantel, schlang ihn wie einen schützenden Kokon um ihren Körper. Trotzdem zitterte sie und fror so stark, dass sie sich bald keinen Rat mehr wusste. In ihrer Not verwandelte sie sich schließlich in eine Birke und überlebte so den Schneesturm.

Seitdem steigt der Schneegott in jedem Winter auf das Xing'an-Gebirge hinunter und wütet dort. Manchmal, wenn der Sturm für einen kurzen Augenblick nachlässt, ertönt dann ein Stöhnen aus den Wäldern. „Wir kehren nicht zurück! Wir kehren nicht zurück!", so raunen und ächzen die Birken.

Die Menschen aber lieben die Birken mehr als alle anderen Bäume. Niemand darf Hand an sie legen, denn sie sind die Abkömmlinge der standhaften Prinzessin.

Es muss noch mehr geben als nur das, was wir sehen – vielleicht sogar eine zweite vollkommene Schöpfung. Weder das Böse noch der Tod sind in dieser anderen Welt zu Hause. Dort ist das Glück dauerhaft. Dort herrscht kein Streit und fließen keine Tränen. Viele Menschen haben von der Insel hinter dem Nebel erzählt und je häufiger und eindringlicher sie davon erzählten, desto wirklicher wurde ihr Traum.

Das andere Land

Ein Traum, der nicht mehr endet

Keltisch-frühchristliche Überlieferung

Weit im Westen, wo die Sonne untergeht, liegt ein rätselhaftes und wunderbares Land. Es ist vom Meer umschlossen und der weiße Sand an seinen Stränden sammelt sich in gewaltigen Dünen. Wie Wälle schützen sie das Innere des Landes. Aber es gibt noch einen weiteren Schutz, und das ist der Nebel, der die Insel hinter seiner undurchdringlichen Wand verbirgt.

Nur sehr selten, ganz unvermutet, reißt dieser Nebel auf. Vor spanischen Seefahrern, so wird erzählt, sei das geheimnisvolle Land einmal aufgetaucht. Doch ihr Schiff wäre ihm, wie einer Fata Morgana, keinen Schritt näher gekommen und schließlich hätten sie an seiner Stelle Brasilien entdeckt. Unerreichbar ist die Insel für alle Sterblichen – es sei denn, sie fahren auf einem gläsernen Boot über das Nebelmeer. Dann kommen sie an in einem Traum, der nicht mehr endet. In einer Welt ohne Rückkehr. In der Jenseitswelt.

Das Land irgendwo im Westen kennt keinen Frost, der die Geschöpfe wie mit tausend Nadeln sticht, und es kennt keine sengende, dörrende, Wüsten schaffende Gluthitze. Das ganze Jahr über herrscht ein milder Sommer. Von den Bäumen tropft der wilde Honig und schwer hängen die Früchte an den Ästen. Trotzdem fallen sie nicht ab. Sie verderben auch nicht, denn der Tod ist ausgesperrt von der Insel. Seine Macht reicht nur bis an die Nebelwand.

Ebenso verhält es sich mit der Krankheit und dem Schmerz, mit der Langeweile und der Verzweiflung. Kein Feind gelangt über das Meer, kein Mörder erhält Zutritt zu dem Paradies. Während bei uns die Missgunst in den Herzen der Menschen wohnt, ist es dort die Liebe. So stört nichts den Frieden auf der Insel und nichts kann das Glück trüben.

Hinter den Dünen liegen große Obstgärten. Apfelbaum reiht sich an Apfelbaum, Kirschbaum an Kirschbaum. Wie kleine Sonnen leuchten die Mirabellen zwischen den Blättern und die Pfirsiche sind fest und süß. Wer in dem wunderbaren Land lebt, dem wird jeder Wunsch erfüllt. Stört ihn das helle Licht, dann ruft er einfach einen Schatten herbei oder er hüllt sich in die sternglänzende Nacht. Sobald die Bewohner der Insel darum bitten, legt sich kühlender Tau auf die Wiesen. Auch der Wind gehorcht ihnen und selbst der Donner, der niemals jähzornig wird. Sanft wie ein Glockenspiel tönt er durch den Himmel.

Viele Menschen in dem Land hinter dem Nebel bauen Träume an, denn dafür eignet sich der Boden der Insel am besten. Andere ziehen sich zurück in das Tal der Stille und sitzen dort mit geschlossenen Augen. Sie bewegen sich nicht und sie reden nicht. Es genügt ihnen, dass sie die Erde und die Luft spüren. Wieder andere schauen in die Tiefe. Vor ihrem Blick wird alles durchscheinend – so, als sei die ganze Welt aus Glas. Kein Geheimnis bleibt ihnen verborgen, kein Gedanke, der irgendwann einmal gedacht wurde ...

In der Mitte der Insel, auf einem Hügel, steht ein weißes Schloss. Es ist von immerblühenden Bäumen umgeben und über seinem Dach flattern seidene Banner. Sie leuchten in den Farben des Regenbogens. Wenn der Wind auffrischt, gleichen sie fröhlich zuckenden, tanzenden Schlangen. Das Schloss hat weder Türme noch Ecken, stattdessen ist es kreisrund – ohne Anfang und ohne Ende.

Im Innenhof des Schlosses wird ständig ein Fest gefeiert. Das Lachen, das dabei erklingt, kommt aus den Herzen der Menschen und mischt sich mit den fröhlichen Tönen von Trompeten und Fanfaren. Obwohl niemand Musik macht, kann man sie überall hören. Selbst die Mauern des Schlosses singen und summen. Oder ist es nur der Wind? Zwischen den Feiernden, die im Schlosshof wandeln, gehen Vögel umher, als würden sie dazugehören. Wie Kinder reden sie miteinander und hüpfen währenddessen auf einem Bein.

Es wird erzählt, dass neun Schwestern über die Insel regieren. Ihre Anführerin heißt Morgen. Sie kennt die Kraft aller Pflanzen und kann sich in jede Gestalt verwandeln, die es auf der Erde gibt. Die Schwestern befolgen den Willen ihres königlichen Vaters. Er hat ihnen die Herrschaft auf der Insel hinter dem Nebel übertragen. Seitdem sorgen sie gemeinsam dafür, dass das Unglück fernbleibt von ihrem Land und dass keiner, der dort lebt, auch nur den geringsten Anflug von Trauer verspürt.

Nachwort des Autors
Die Welt der Mythen

Es gibt so viele Schöpfungsgeschichten, dass sich damit mühelos ganze Bibliotheken füllen ließen. Die Auswahl in diesem Buch kann deshalb nur eine erste Ahnung vom Reichtum und von der Vielfalt dieser Geschichten vermitteln. Bekanntes steht hier neben Unbekanntem und Entlegenem. Die Sammlung will zu einer Entdeckungsreise in die Welt der religiösen Urerzählungen einladen, wobei die Reise mit großen Sprüngen von einem Land zum anderen führt, von Kontinent zu Kontinent.

Trotz aller Unterschiede haben die Geschichten so etwas wie innere Gemeinsamkeiten. Fast immer beginnen sie in einer leeren Welt, die oft genug eine Wasserwelt ist: fremd, kalt und lebensfeindlich. Erst allmählich erhält diese Noch-nicht-Schöpfung eine Form und damit einen Sinn. Alle Geschichten entwerfen Bilder von einer Welt, die das Unbegreifliche begreiflicher, das Schreckliche erträglicher machen. Die Schöpfungsgeschichten trösten den Menschen und sagen ihm: „Du bist nicht allein. Göttliche Wesen haben die Welt für dich eingerichtet. Überall kannst du die Spuren ihres Wirkens sehen – in der roten Tonerde genauso wie bei den heiligen Festen oder wenn du einen Schmetterling betrachtest."

Nicht ohne Grund werden die Schöpfungsgeschichten auch Legenden genannt. Als religiöse Erzählungen hatten sie einen feierlichen, beschwörenden Charakter. Oft waren sie nur einem kleinen Kreis von Eingeweihten zugänglich und wurden als Geheimnis weitergegeben. Jedes Wort einer Geschichte, jedes Bild blieb unverändert erhalten. Dadurch bekam es eine Bedeutung, die weit über den Alltag der Völker hinausreichte. Von manchen Völkern kennen wir sogar nur noch ihre religiösen Ursprungssagen. Längst schon sind die Erzähler verschwunden, aber das von ihnen Erzählte hat seine Kraft bewahrt und wirkt immer noch frisch.

Es gibt Schöpfungslegenden, die das Hauptgewicht ihrer Schilderung auf die Götterwelt vor der Ankunft des Menschen legen. Behutsam und in vielen Schritten, manchmal auch im furchtbaren Streit (Chaos) der göttlichen Wesen entsteht dann die Erde. Andere Mythen schildern spannungsreich, wie sich die Götter von den Menschen und die Menschen ihrerseits von den Göttern abgrenzen.

Wieder andere Legenden bedienen sich einer Mittlerfigur, die als „Kulturheros" oder „Trickster" bezeichnet wird. Gelegentlich schlüpft dieses Zwischenwesen, das zugleich göttliche und menschliche Züge hat, in den Körper eines Tieres oder es wacht als Riese über die von ihm erschaffenen Geschöpfe. Aufgabe solcher Zwischenwesen ist es vor allem, die Menschen in die Welt einzuführen. Erst wenn dies gelungen ist, gehen sie fort aus dem Leben der Menschen – und „niemand weiß, wohin."

Am Anfang der Sammlung steht – wie könnte es auch anders sein – die biblische Schöpfungsgeschichte, nacherzählt von Irmgard Weth. Dabei handelt es sich um den so genannten ersten Schöpfungsbericht. Er formuliert eine Botschaft, die in keinem anderen Schöpfungsmythos wiederkehrt. Denn der Gott der Bibel hat die Menschen „nach seinem Bild" geschaffen und ihnen gleichzeitig die Herrschaft über Tiere und Pflanzen, über die ganze Erde verliehen. In solcher Herrschaft steckt freilich auch die Gefahr des Missbrauchs – davon künden nicht nur die Umweltzerstörungen, unter denen wir zunehmend leiden. Den Schluss des Buches bildet dann eine keltische Überlieferung, die noch im frühen Christentum Irlands weiterlebte. Sie lenkt unseren Blick auf die zweite, vollkommene Schöpfung. Obwohl wir als Irdische von dieser Schöpfung durch eine undurchdringliche Nebelwand getrennt sind, können wir ihre Herrlichkeit erahnen und erträumen. Ein zentrales Thema vieler Schöpfungslegenden ist die Ankunft des Lichtes. In der lichtlosen Nacht, die vor dem Erscheinen der Sonne herrscht, finden sich die Geschöpfe nur mühsam zurecht. Sie sind hineingeworfen in eine Hungerwelt, die sich lähmend auswirkt auf alles Lebendige. Deshalb harren die Geschöpfe voller Sehnsucht, bis das große Tagesgestirn am Himmel aufgeht und die Schöpfung „weckt". Freilich kann die Sonne nicht alle Abgründe, nicht alle finsteren Stellen ausleuchten. Fast scheint es so, als würde ihr Licht die Schatten geradezu hervorrufen.

Darum mischen sich erste Klagegesänge in den Jubel über eine strahlend schöne Welt. Die Schöpfungslegenden wären unwahr, wenn sie nicht auch das Böse zu ihrem Thema machen würden. Mit den schwarzen Schwingen des Todes fliegt dieses Böse „von einem Ende der Welt zum anderen" und verheert die ganze Schöpfung. In ihrer Not stehen die Menschen gegen den Schöpfergeist auf und ziehen ihn – wie es der biblische Hiob tut – zur Rechenschaft. Sie hadern und streiten mit Gott, von Angesicht zu Angesicht. Der alte Mann, der Fidi-mukullu in der gleichnamigen afrikanischen Schöpfungslegende herausfordert, hat nichts mehr, nur noch seine Stimme, seine Trommel – und seine Trauer.

Flutlegenden gehören zum gemeinsamen Besitz der Menschheit und begegnen uns in den unterschiedlichsten Kulturen. Das gilt auch für andere Themen der Schöpfungsmythen. Immer wieder stößt man auf ähnliche Erfahrungen und häufig auf ähnliche Erklärungsversuche. Die Frage nach der Entstehung der Welt und der Herkunft des Lebens hat die Menschen von Anfang an bewegt. Die Schöpfungslegenden geben darauf keine objektiven Antworten, obwohl sie manchen Erkenntnissen der modernen Naturwissenschaften sehr nahe kommen. Ihre Wahrheit ist im Bild und in der Weisheit verborgen, mit der sie die Taten der göttlichen Schöpfer beschreiben und Modelle des Zusammenlebens zwischen den Geschöpfen entwerfen.

Wer eine Mythensammlung herausgibt, muss sich irgendwann entscheiden, welche Texte er in das Buch aufnehmen will. Die einzelnen Geschichten sollen aufeinander antworten und trotzdem das Schöpfungsthema immer wieder anders behandeln. Das ist hoffentlich mit der vorliegenden Zusammenstellung gelungen. Schon aus Platzgründen fehlen hier Erzählstoffe, die in jedem Lexikon genannt werden – von den Hindu-Mythen bis zu den sumerischen, babylonischen und assyrischen Mythen, vom nordgermanischen Edda-Gedicht bis zum finnischen Kalevala-Epos. Aber wichtiger als die ohnehin nicht zu erreichende Vollständigkeit war das Kriterium, ob sich eine Geschichte ohne umständliche Erklärungen „aufschließt."

Auch die Poesie der einzelnen Texte, ihr Spannungsreichtum, ihre Bildhaftigkeit fielen ins Gewicht bei der

Auswahl. Alle Geschichten wurden für dieses Buch bearbeitet und neu nacherzählt. Oft war eine Straffung und Vereinfachung des Erzählten notwendig, weil die Schöpfungslegenden verwirrende Nebenhandlungen enthielten. Ähnliches galt für rituelle Erzählformeln, die den Zugang unnötig erschwerten.

Der Versuch der „Übersetzung" von Schöpfungslegenden kann kaum mehr sein als eine Annäherung und diese Annäherung verlangt von jedem Erzähler den notwendigen Respekt vor der Überlieferung. Gleichzeitig gewährt sie ihm jedoch einen großen Spielraum bei der Bearbeitung der Mythenstoffe. Denn die Freiheit, mit der diese Stoffe weitererzählt werden können, entscheidet darüber, ob sie lebendig bleiben.

Illustrationen: Ingrid Petrie
Umschlaggestaltung: Nikolas Weiss,
unter Verwendung einer Illustration von Ingrid Petrie

Satz und Layout: Barbara Herrmann, Freiburg
Druck und Bindung: fgb · freiburger graphische betriebe 2005
www.fgb.de

Gedruckt auf umweltfreundlichem, chlorfrei gebleichtem Papier

ISBN 3-451-28787-0